Michael Berg

WIE ZEICHNE ICH CARTOONS UND KARIKATUREN

EIN MUSTER-SCHMIDT-ZEICHENBUCH

Band 30

MICHAEL BERG

WIE ZEICHNE ICH CARTOONS UND KARIKATUREN

EIN MUSTER-SCHMIDT-ZEICHENBUCH

CIP-Titelaufnahme der Deutschen Bibliothek

Berg, Michael:
Wie zeichne ich Cartoons und Karikaturen / Michael Berg –
Gleichen · Zürich: Muster-Schmidt, 1992
Muster-Schmidt Studio- und Zeichenbücher;
Bd. 30: Ein Muster-Schmidt-Zeichenbuch
ISBN 978-3-7881-5230-7
NE: HST; GT

Unveränderter Nachdruck 2014

Gesamtherstellung: „Muster-Schmidt" KG, Gleichen · Zürich
ISBN 978-3-7881-5230-7

INHALT

EINLEITUNG

Es sind schon viele Bücher über die Karikatur und ihre Geschichte geschrieben worden. Wer sich dafür interessiert, sollte sie sich in den öffentlichen Bibliotheken ausleihen. Doch hier geht es um Anleitungen für die Praxis des Zeichnens.

Genau hinsehen: Selbst wenn Sie im Alltag nicht zu jeder Zeit zeichnen können oder dürfen, weil Sie einer anderen Tätigkeit nachgehen müssen, so können Sie doch einen Tag zum Beobachtungstag machen. Sie nehmen sich einfach einmal vor, am Montag die Frisuren, am Dienstag die Augen, am Mittwoch die Ohren, am Donnerstag die Nasen usw. zu beobachten. Dazu bietet sich Ihnen immer mal eine Gelegenheit. Wenn Sie das konsequent durchführen, wird sich das genaue Hinsehen zum wirklichen Wahrnehmen vertiefen.

Weglassen: Natürlich können Sie beim Zeichnen erst etwas weglassen, wenn Sie über ein Repertoire von Formen verfügen, deren Wichtigkeit oder Bedeutungslosigkeit für die jeweilige Zeichnung Sie richtig abzuschätzen vermögen. Wenn Sie z. B. die Gegenposition des Daumens zu den vier Fingern zeichnerisch begriffen haben, können Sie den kleinen Finger weglassen. Das zu tun, ist heute schon fast üblich. So haben die Figuren des Cartoonisten Erik Liebermann keine Ohren, und die Köpfe der Zeichner Löffler, Rademacher und Kambiz haben keine Augen. Die Liste der „Gehörlosen" ließe sich mit den Namen amerikanischer Cartoonzeichner ergänzen. Ich halte das deshalb hier fest, damit Sie gleich einen Einblick in die Freiheit der Gestaltung von Cartoons bekommen.

Übertreiben: Dabei sind zwei Möglichkeiten zu beachten.

1. Die Übertreibung der Proportionen. Die Nase wird größer gezeichnet als der Kopf, der Kopf kann ein Drittel der Körperlänge betragen, die Füße bekommen die Länge der Unterschenkel usw.
2. Die Übertreibung von Körperhaltungen, Gesten, Mimik und Bewegungen.

Alles zu übertreiben wirkt geistlos und ist ohne jeden Witz. Das gilt ganz besonders für das Lachen. Könner in ihrem Fach gehen mit einer übertriebenen Darstellung des Lachens sparsam um. Um nur ein Beispiel von vielen anzuführen. Bei über 180 Comic-strips des schwedischen Cartoonisten Oscar Jacobsson, in denen Adamson agiert, lacht er im Verhältnis zu 880 mit verschiedener Mimik versehenen Köpfen nur 11 mal (geschlossener Mund) und einmal zeigt er bei offenem Mund die Zähne.

In einem Auswahlband mit 400 Zeichnungen des französischen Cartoonisten Chaval lachen von 543 Figuren nur 29. Im „Julchen" von Wilhelm Busch lachen 17 von 107 Figuren, in dem Buch „Bella Figura" von Manfred Limmroth lachen bzw. lächeln 60 von 500 gezeichneten Figuren. Diese Zahlen stelle ich deshalb in die Einleitung, um festzuhalten, daß Humor nicht darin besteht, lachende oder grinsende Gesichter zu zeichnen.

ZIFFERN IM GESICHT

Wenn ich Ihnen vorschlage, Ziffern als Ausgangspunkt für die Zeichnung von Cartoongeschichten zu benutzen, so geschieht das deshalb, um Ihnen eine Brücke vom Handschriftlichen zur Zeichnung zu bauen. Jeder Mensch erwirbt im Lauf seines Lebens eine persönliche Handschrift. Sie ist um so ausgeprägter, je mehr jemand schreibt. Mit der gleichen Selbstverständlichkeit, mit der Sie eine Ziffer auf das Papier setzen, sollten Sie ebenso selbstverständlich einige Striche, Punkte, Kommata und Haken dazusetzen, um ein Cartoongesicht schreibend zu entwickeln. Natürlich werden Ihre Ergebnisse ganz anders aussehen als die nebenstehenden. Die Beispiele sollen Ihnen nur die einzelnen Schritte zeigen. Auch hier geben die Kreisformen nur einen unverbindlichen Gestaltungsrahmen ab. An die Gesichtszüge können Sie nach Ihrem Gutdünken ganz andere Kopfformen anfügen. Die letzte senkrechte Reihe zeigt eine kleine Auswahl aus einer Fülle von Möglichkeiten. Weitere Kopfformen finden Sie auf Seite 63.

Aufgabe: Schreiben Sie auf einem DIN-A-4-Bogen verstreut und in größerem Abstand voneinander verschiedene Ziffern, und machen Sie daraus durch Hinzufügen von Strichen, Punkten, Haken und Bögen Cartoonköpfe. Ihre Arbeit ist gelungen, wenn die Ziffer so in das Liniengebilde eingebunden ist, daß ein unbefangener Betrachter die Ziffer nicht wahrnimmt.

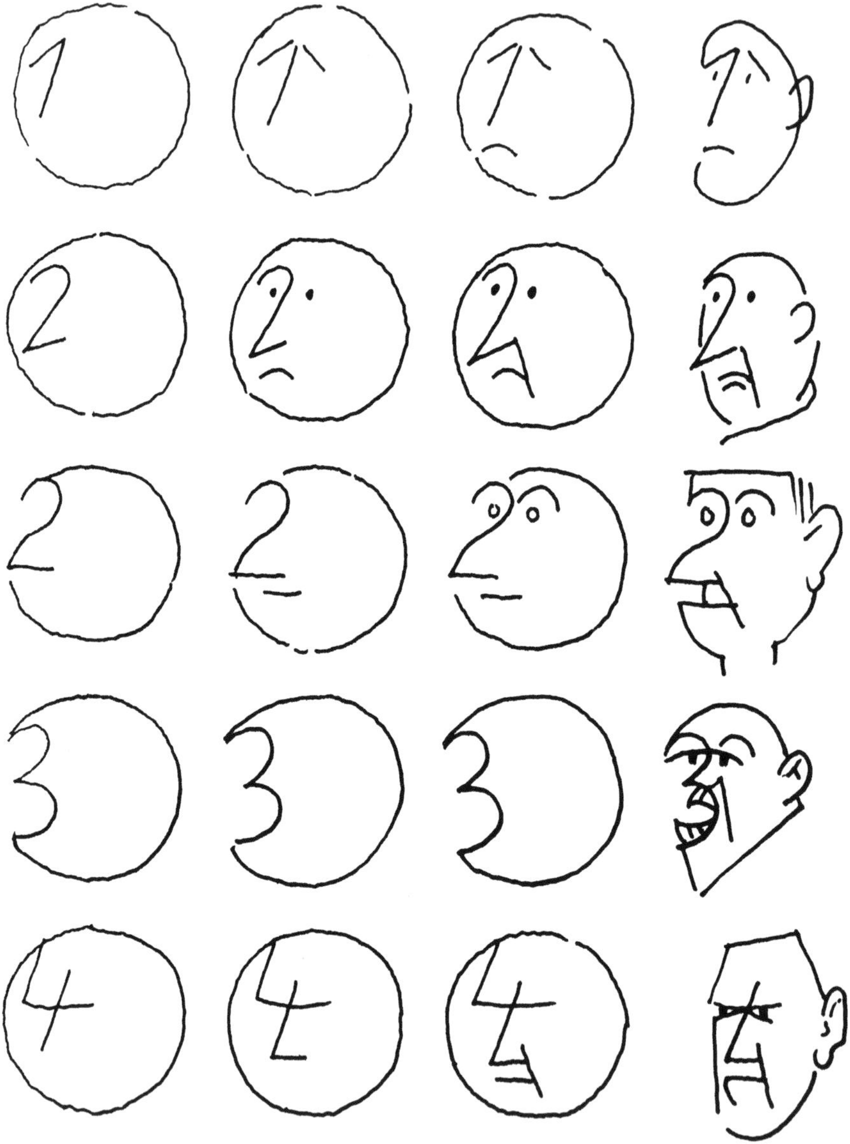

Hinweis auf die Beispiele der Seiten 8 und 10:

1 = Nach unten gerichtete gerade Augenbraue und Nasenrücken.

2 = Bogenförmig verlaufende Augenbraue mit gerader spitzer Nase.

2 = (Variante) in der Mitte des Nasenrückens Krümmung der Nase.

3 = Der obere Bogen bildet eine große Augenbraue und eine kleine Nase, der untere Bogen bildet einen offenen Mund. Als mögliche Variante für ein Gesicht bietet sich auch eine 3 an, deren oberer Teil durch einen Winkel gebildet wird, dessen oberer Schenkel waagerecht verläuft.

4 = Waagerechte Augenbrauen für beide Augen, senkrechte Stirnfalte, Nasenrücken.

5 = Gerade Augenbraue, kurzer Nasenrücken, Nasenknolle.

6 = Eine fertige Nase. Sie läßt sich vielfach variieren. Je nachdem, wie schräg oder gerade man die Ziffer stellt, wie groß oder klein man die Schlaufe macht, wie mehr oder weniger geöffnet, kreis- oder ellipsenförmig die Schlaufe ist.

7 = Der geschwungene schräge Hauptbalken dieser Ziffer läßt sich gut zum Nasenrücken benutzen. Der mittlere horizontale Balken kann das Brillengestell für eine auf den Nasenrücken gerutschte Brille abgeben.

Die 8 habe ich weggelassen. Es ist zu offensichtlich, daß man eine liegende 8 zur Brille machen kann. Wenn man auf eine räumliche Wirkung aus ist, sollte die kleinere Schlaufe auf der Gesichtshälfte liegen, die nicht dem Betrachter zugewandt ist.

9 = Die Ziffer ergibt ein Brillenglas und den Nasenrücken. Setzt man in den Kreis einen Punkt, einen linearen Kreis, oder einen Strich, so kann dieses Gebilde zu einem Auge werden.

0 = Bei der Null kann die große Form zur Nase werden, und die kleine Form wird zu einem Teil der Brille oder des Auges.

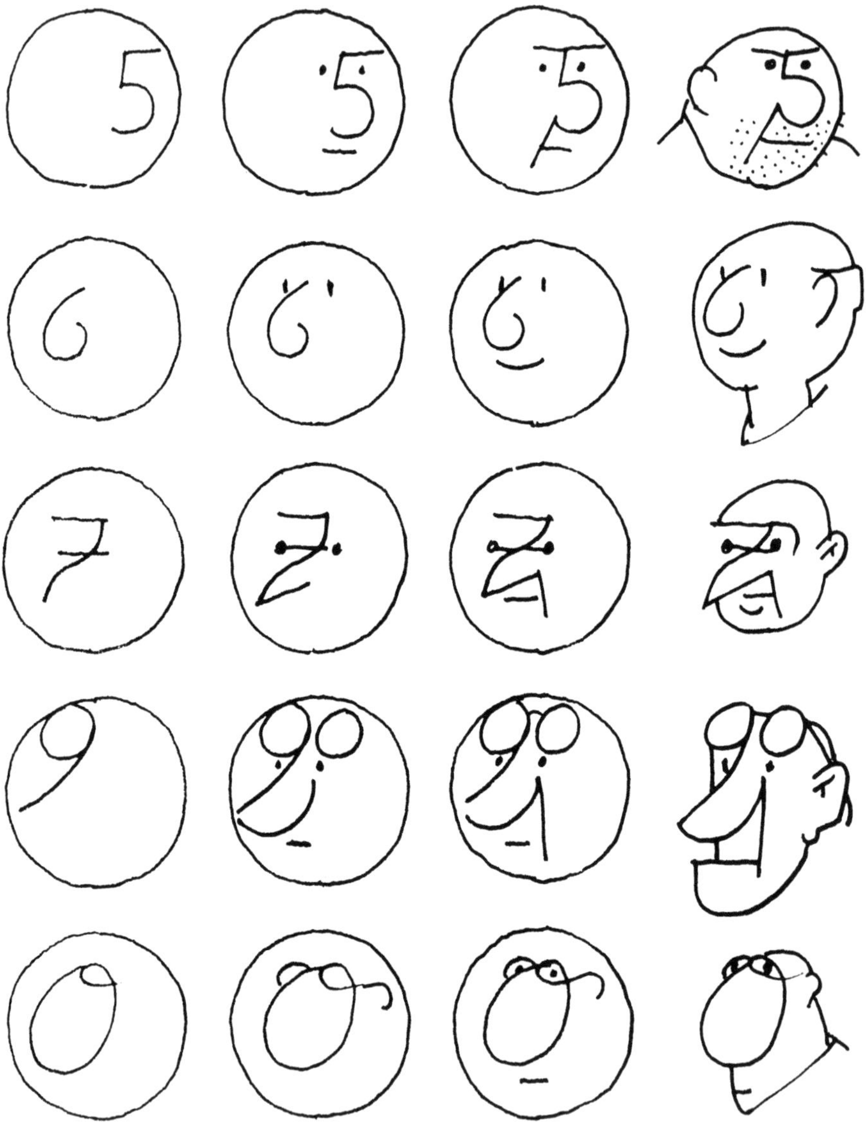

GALERIE DER 288 KÖPFE

Die auf den folgenden 32 Seiten zusammengetragenen Zeichnungen von Männer-, Frauen- und Kinderköpfen stammen in ihrem Ursprung aus der Hand verschiedener ausländischer und deutscher Cartoonistinnen und Cartoonisten der Vergangenheit und Gegenwart. Aus urheberrechtlichen Gründen habe ich sie frei mit einem Filzstift (edding 1800 profipen 0.1) nachgezeichnet. Das Urheberrecht liegt selbstverständlich bei den Autorinnen und Autoren. Die Auswahl ist nicht chronologisch, ihr liegt kein Werturteil zugrunde. Sinn dieser Zusammenstellung ist es, die verschiedensten Möglichkeiten in der Wahl der Linien (spinnwebzart) bis dick, an- und abschwellend, glatt, rauh, gestrichelt, gepünktelt) aufzuzeigen. Was nun die Proportionen von Nase zu Stirn oder von Nase zu Kinn betrifft, so werden Sie feststellen, daß es sehr viele Möglichkeiten der Übertreibung gibt. Und hier stellt sich für Sie die Frage, wie weit Sie in Ihren Zeichnungen gehen wollen? Mit dieser Aufreihung verfolge ich aber noch einen anderen Zweck. Anhand dieses Anschauungsmaterials möchte ich Ihnen klar machen, daß es viele Wege zwischen Virtuosität und Unbeholfenheit gibt. Wenn Sie es zur Virtuosität gebracht haben, so können Sie leicht den Weg zur Unbeholfenheit beschreiten und Ihren Stil – oder wenn das zu hoch gegriffen ist – Ihre Manier parodieren. Das Spiel kann dann gleichzeitig auf einem Blatt stattfinden. Die verschiedenen Hinweise und Aufgaben möchten Sie an den Problemkreis des Cartoonzeichnens heranführen. Es geht nicht um Einengung auf Schemata, Muster und Schablonen.

Aufgabe: Streichen Sie die Köpfe durch, die Ihnen nicht gefallen! Legen Sie ein Transparentpapier auf die jeweiligen Seiten und zeichnen Sie die Köpfe durch, die Ihnen gefallen. Sparen Sie aber die Stellen aus, von denen Sie meinen, daß Sie den Ausdruck noch steigern könnten, und reduzieren Sie ihn dort, wo er Ihnen zu stark erscheint. Zeichnen Sie statt vorhandenen dicken runden Nasen lange spitze Nasen und umgekehrt! Verändern Sie die Frisuren. Machen Sie aus rundlichen Köpfen längliche Köpfe und umgekehrt! Setzen Sie den Brillenlosen Brillen auf und umgekehrt. Versuchen Sie aus Profilköpfen Frontalansichten herzustellen! Dabei sollte die Ähnlichkeit bewahrt bleiben.

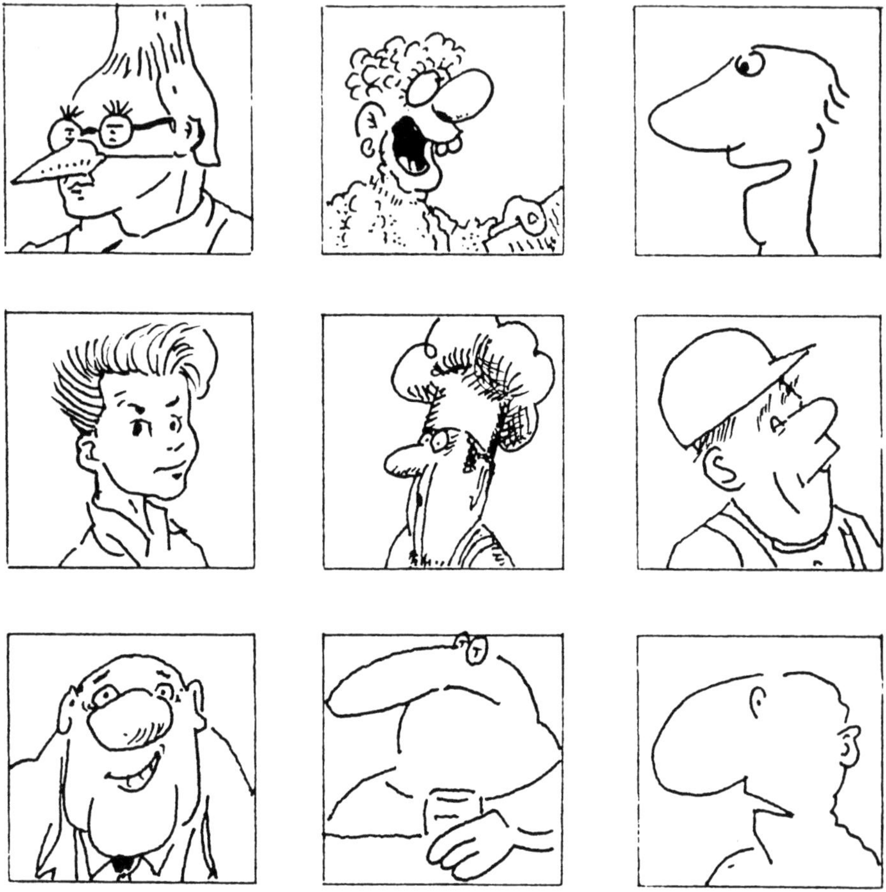

Baxter

Arrufat

Stuttmann

Czucha

Vonderwerth

Kriki

Haberkorn

Kossatz

Hebel

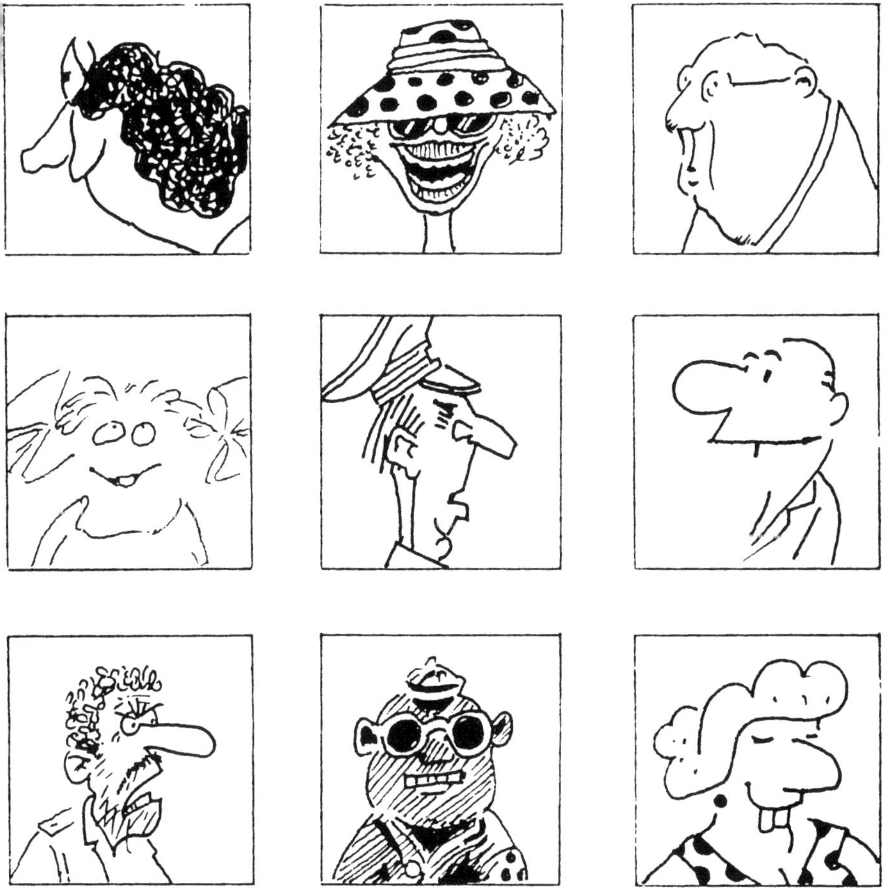

Liebermann — Kriegel — Poloczek

Gernhardt — Rauwolf — Wolinski

Mester — Hilke Raddatz — Starke

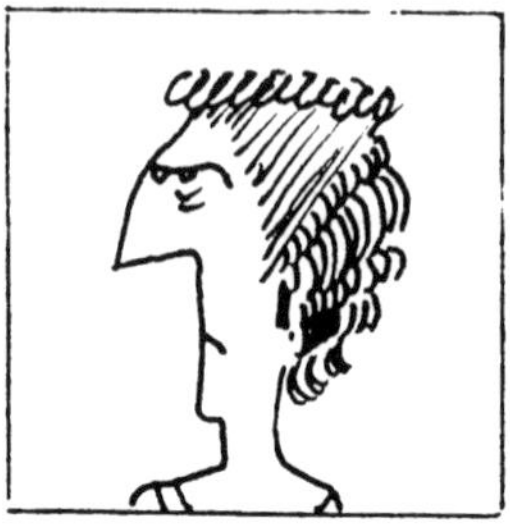
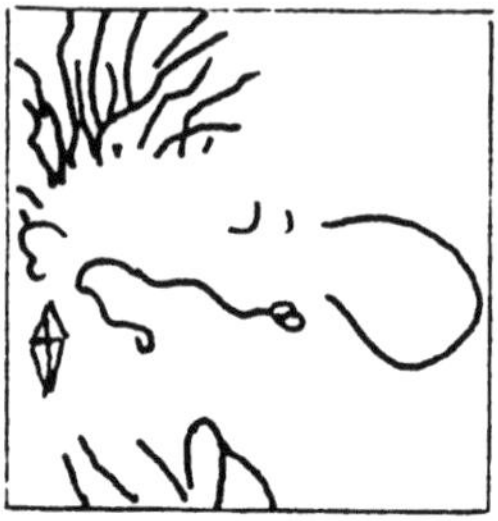
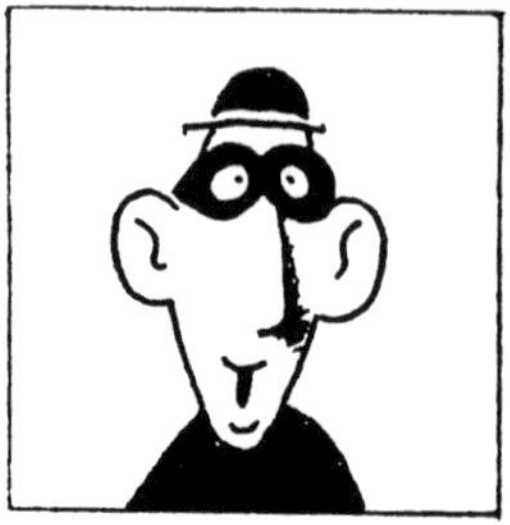
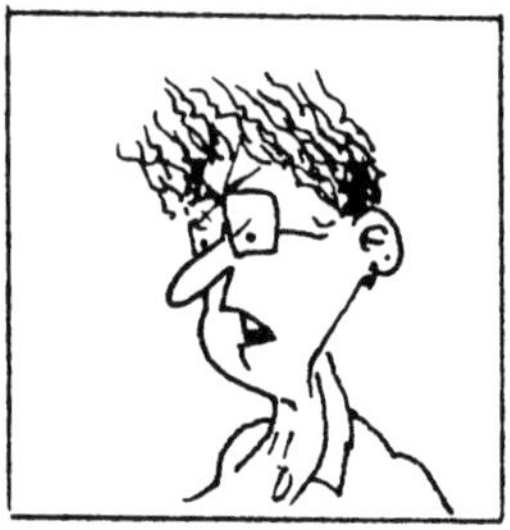
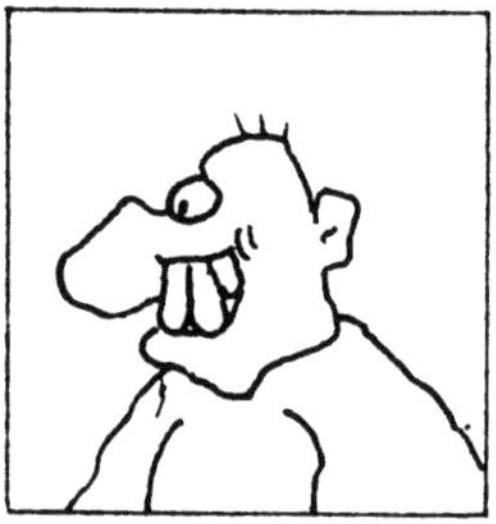
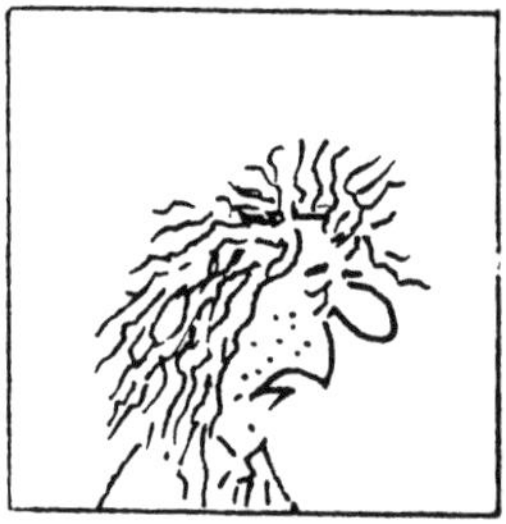
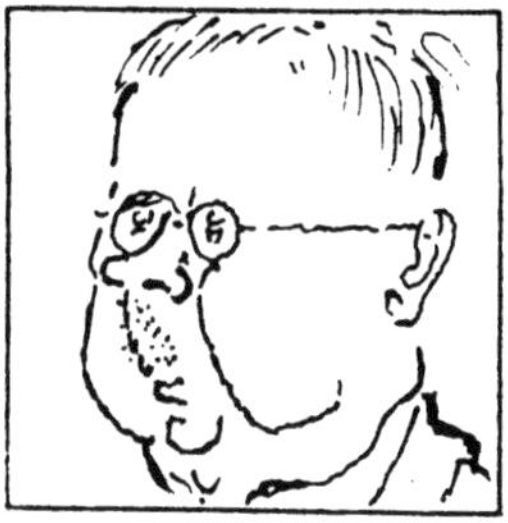
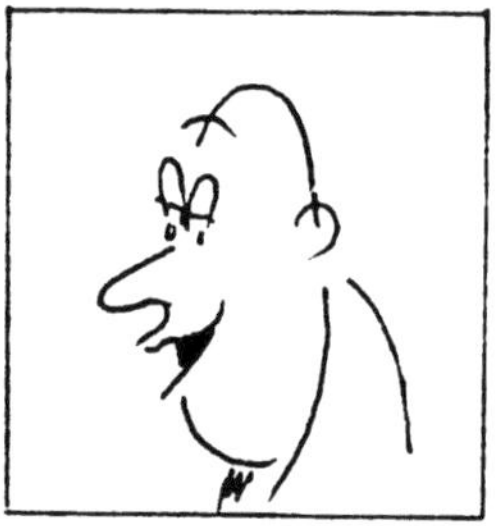
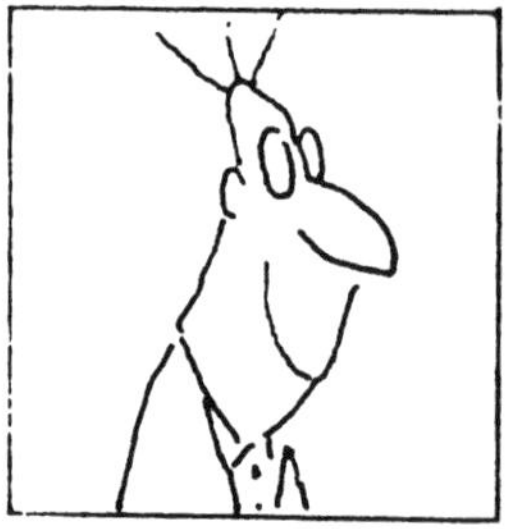

Ru — Moers — Fuchs

Mester — Plikat — Wolinski

Searle — Rattelschneck — Pfarr

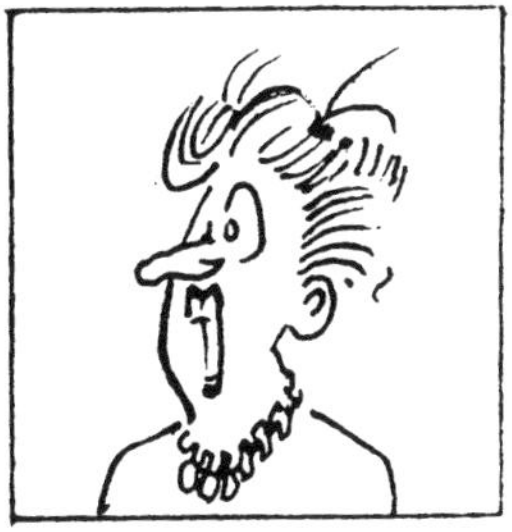
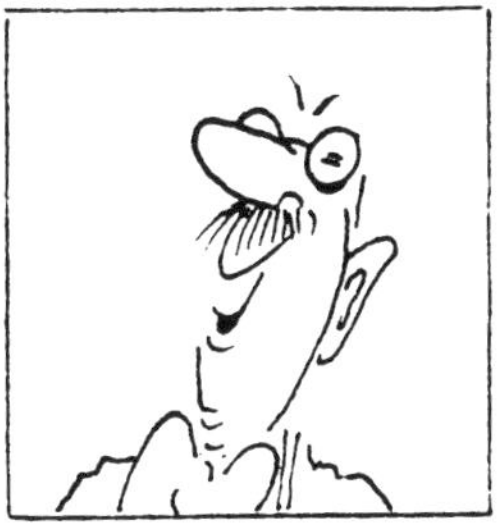
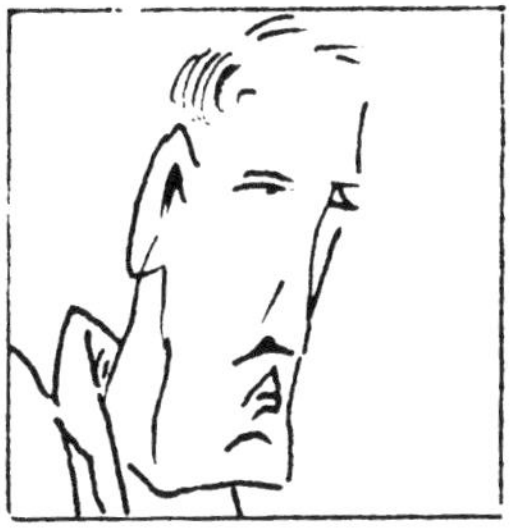
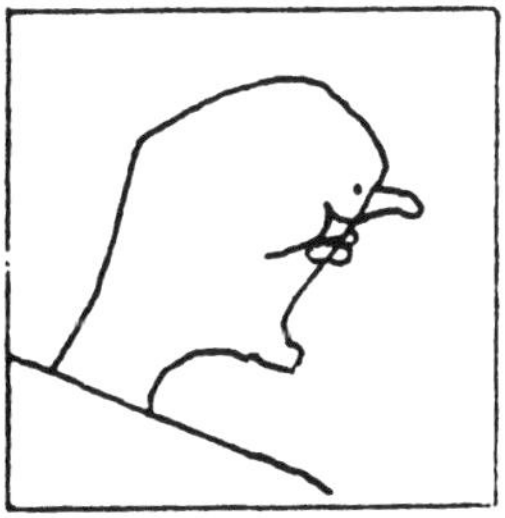
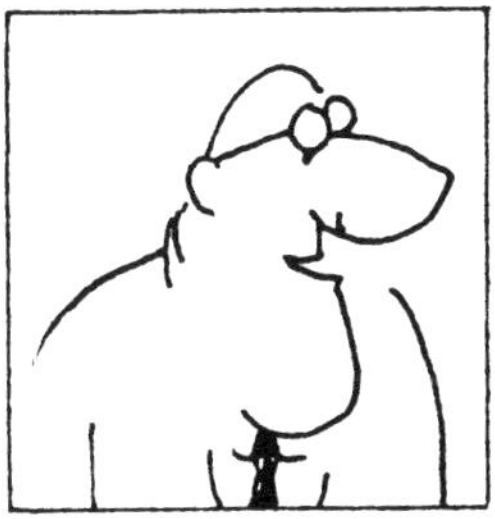
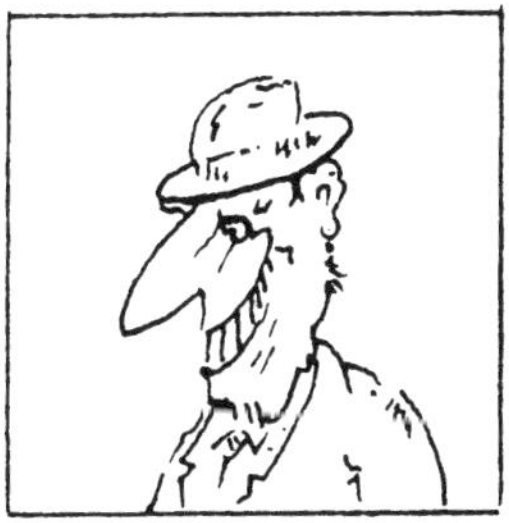
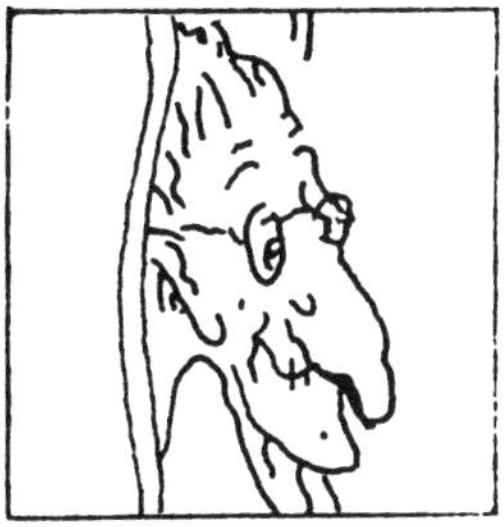
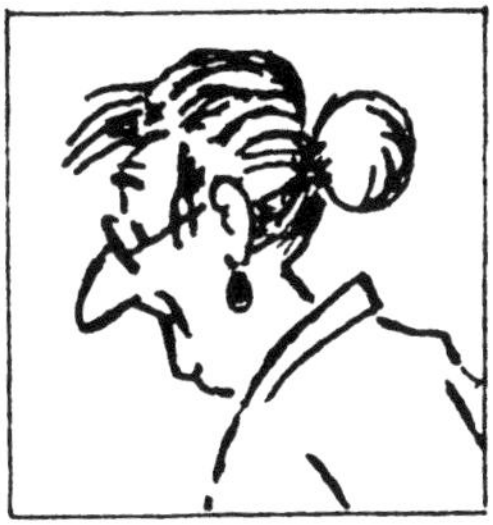
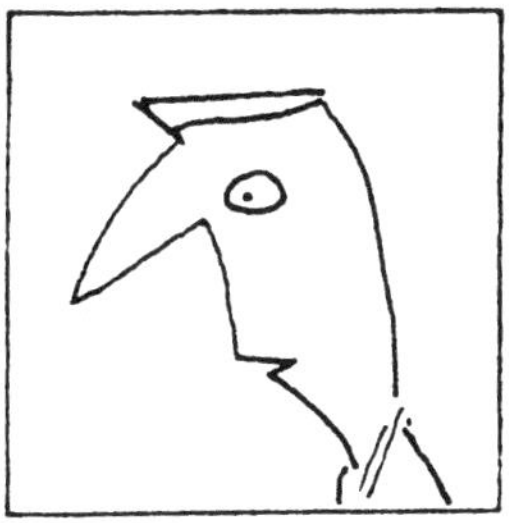

Dagmar Cohnen | Köpf | Kruse

Thelen | Cavallo | Lipieć

Kahl | Jaček | Dieko

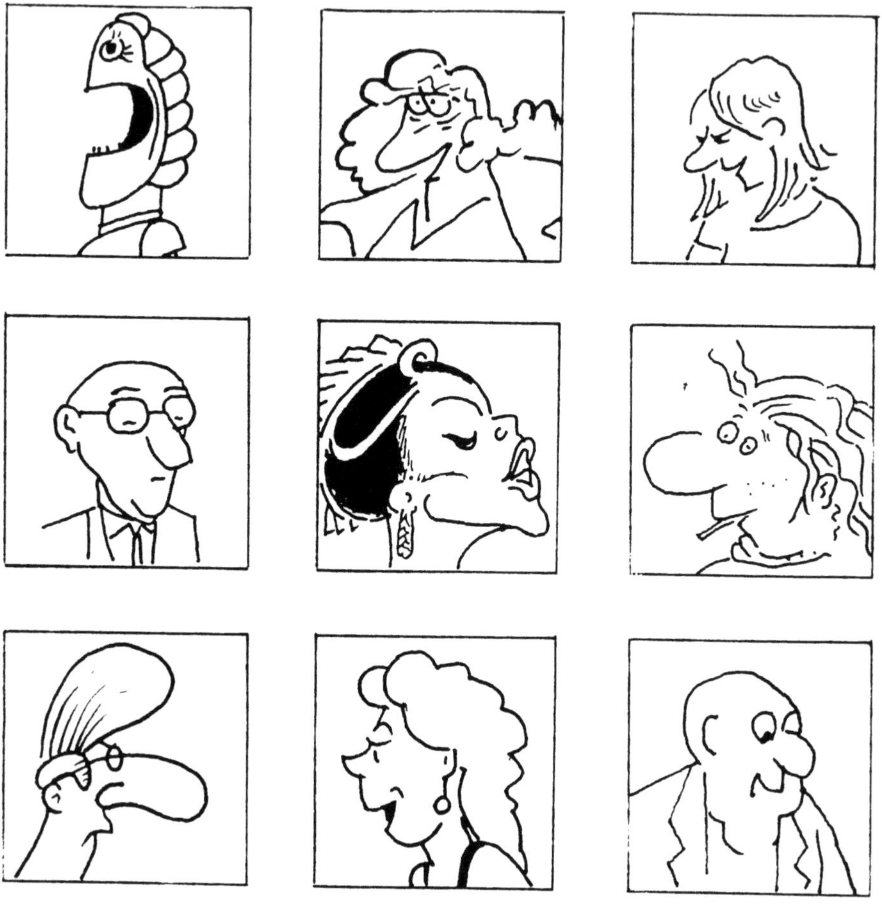

Steinberg

Hachfeld

Banx

Claire Bretécher

Hirschfeld

Petri

Marie Marcks

Franziska Becker

Kaste

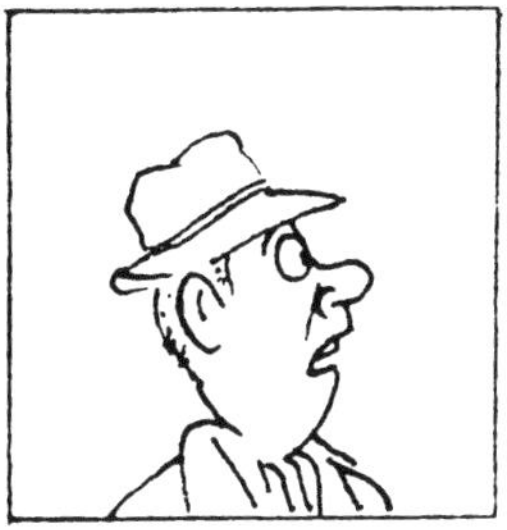
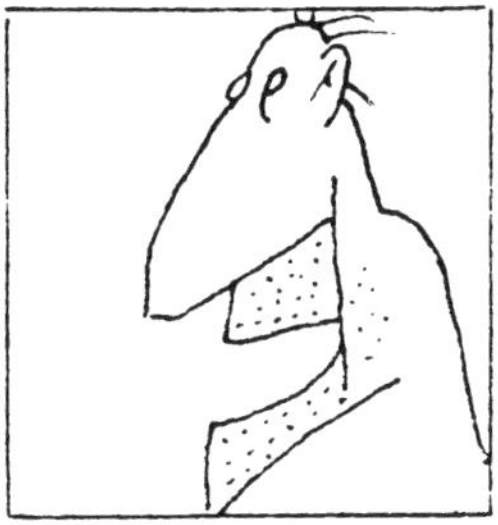
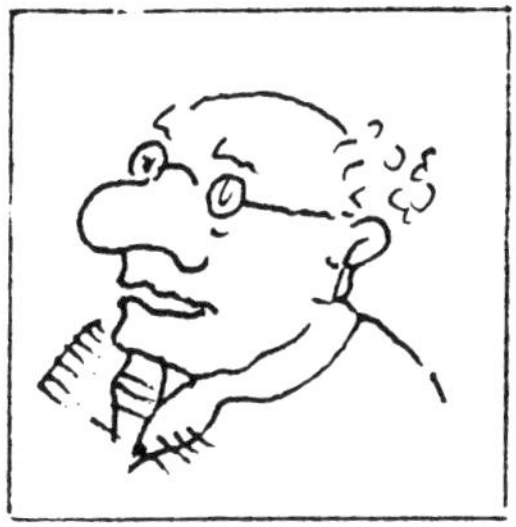
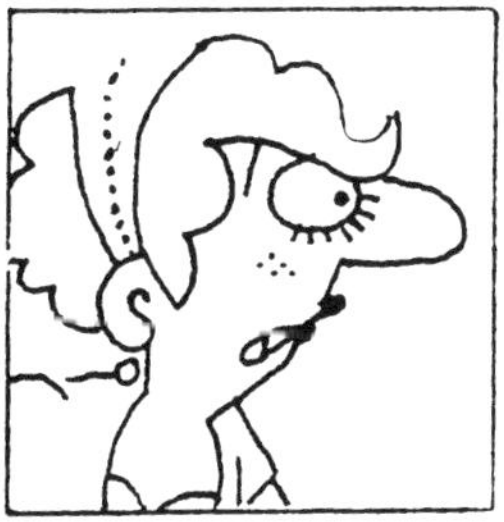
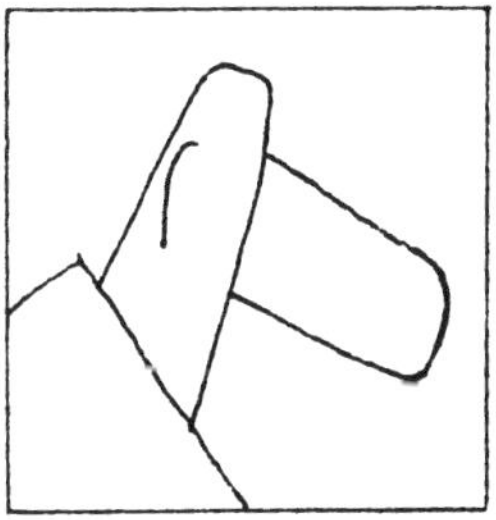
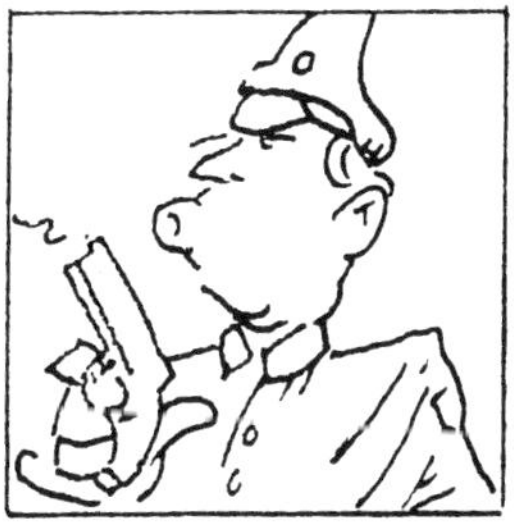
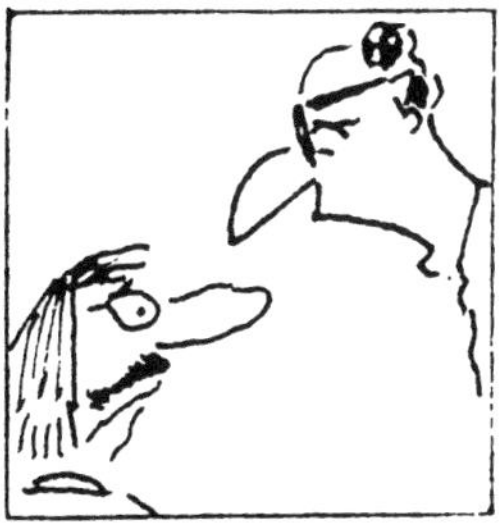
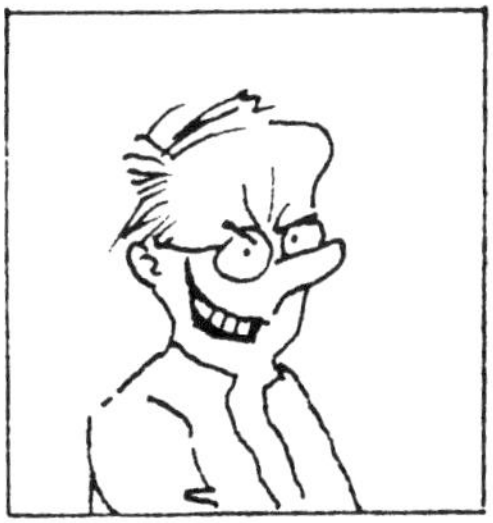
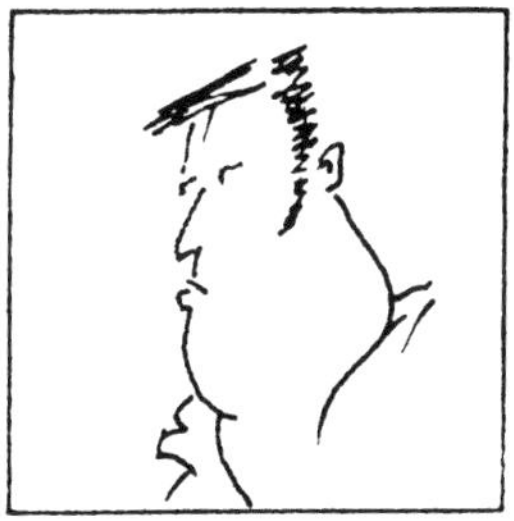

Bengen Rollow Hilidu (Liß-Durt)

Immisch Kambiz Bernstein (Weigle)

Much Greser Kruse

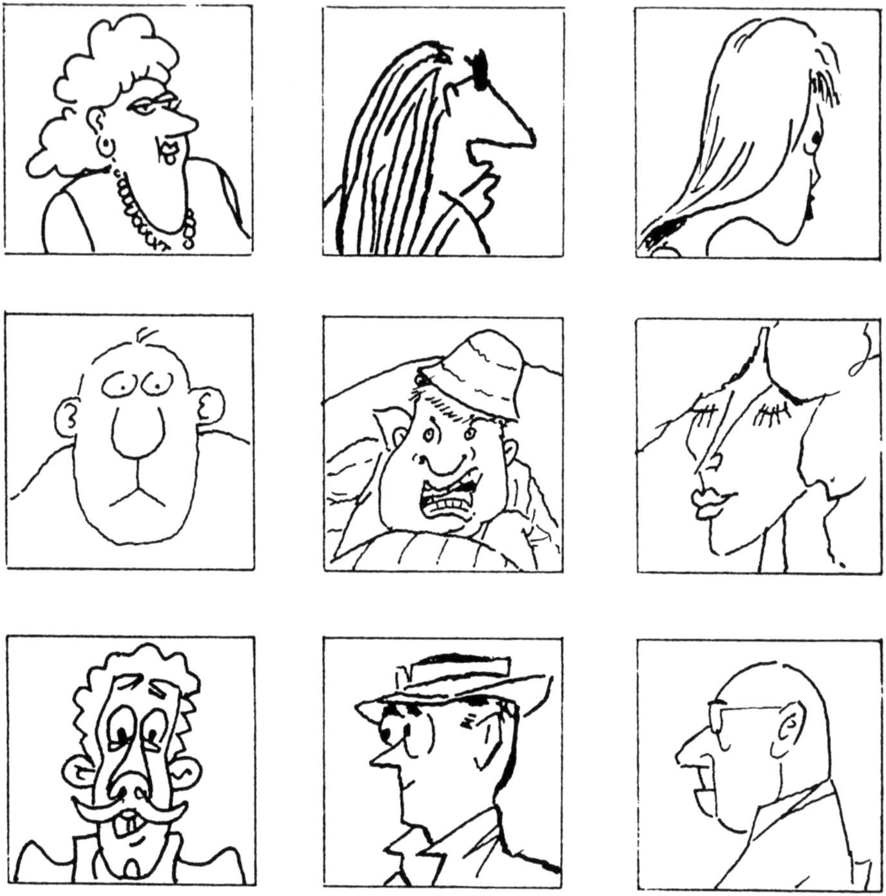

Larson	Bosc	Sándor
Puszta	Dubout	Rau
Dluhopulszky	Valls	Chaval

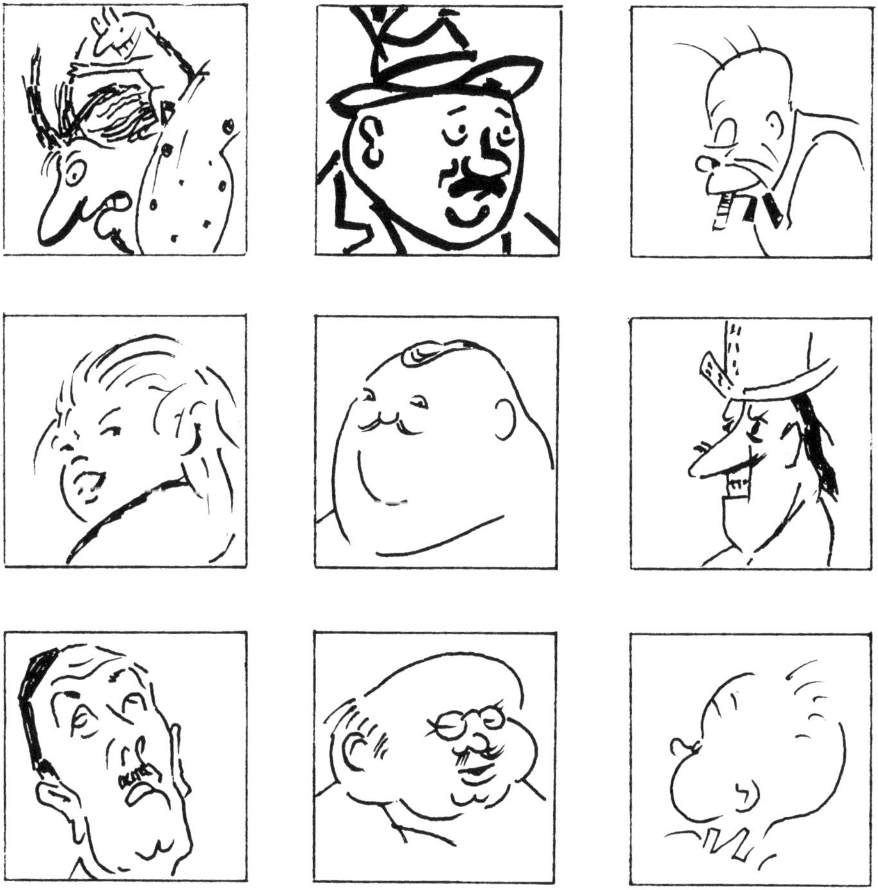

Schaefer-Ast	Franziska Bilek	Jacobsson
Zille	Arnold	Ohser (E. O. Plauen)
Koch-Gotha	Trier	Otto

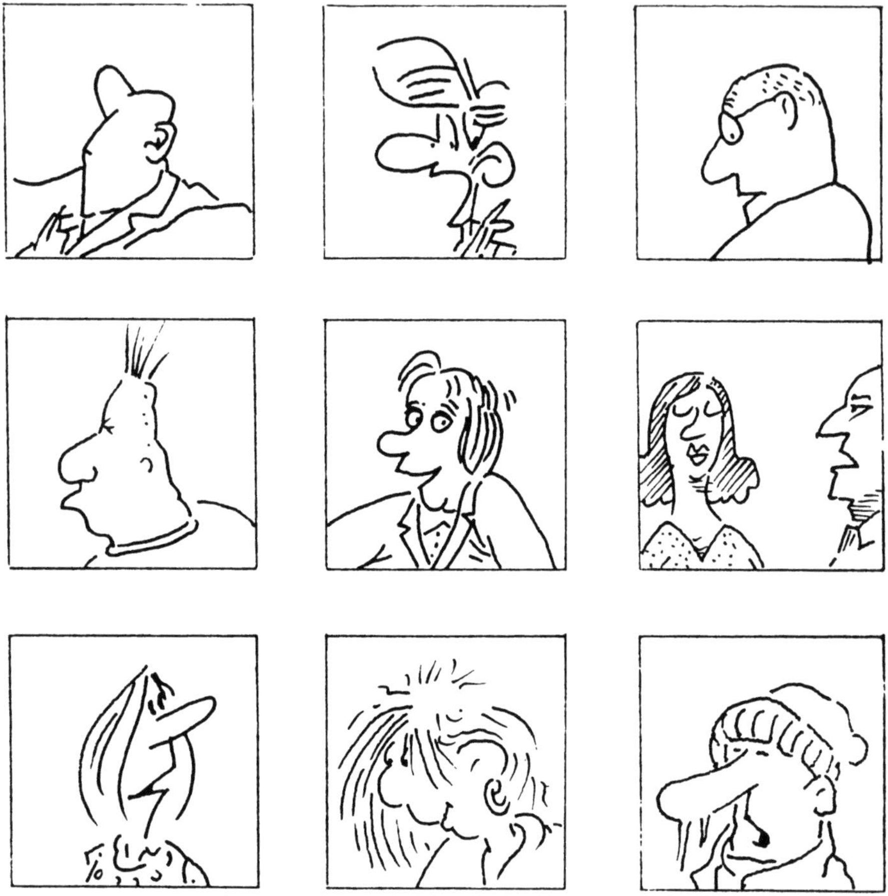

Paulus

Butschkow

Theiler

Plikat

Hogli (Amelie Glienke)

Poth

Rauschenbach

Hömberg

Schwedes

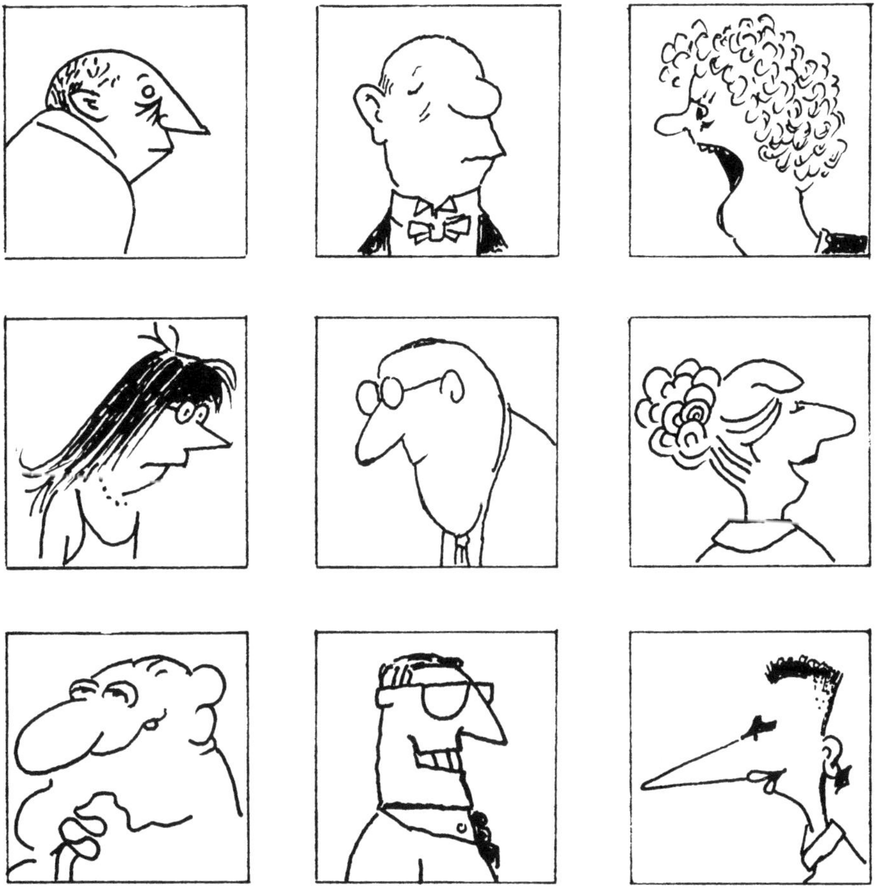

Limmroth	Loriot	Hoffnung
Stenzel	Stauber	Barbara Henniger
Möller	Tresckow	Böhm

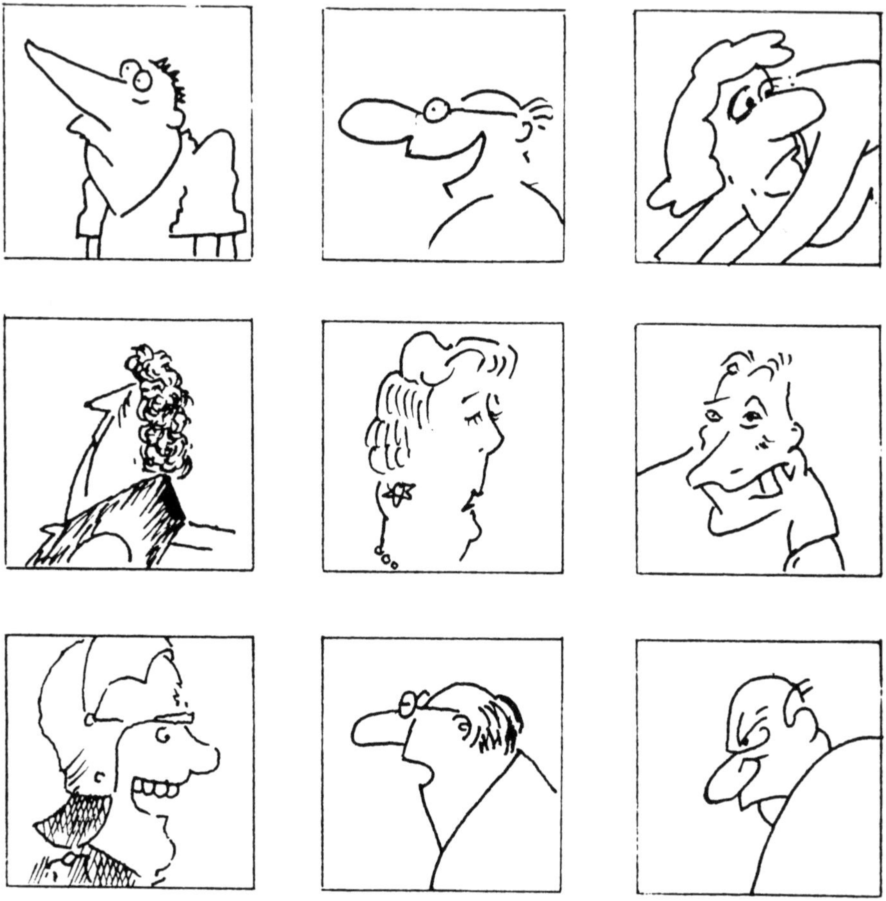

Zorc

Büttner

Wössner

Renate Alf

Tomaschoff

Jankofsky

Schüch

Alff

Schwalme

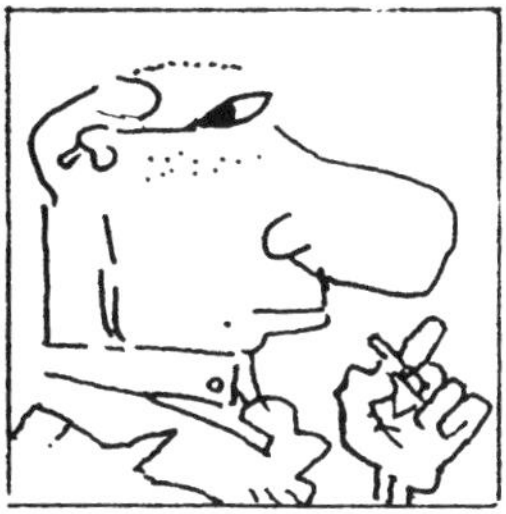
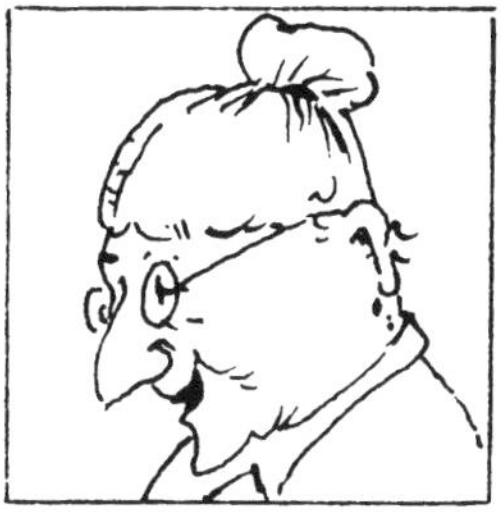
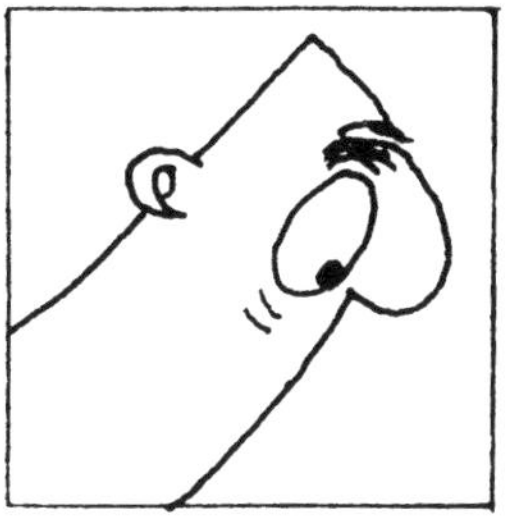
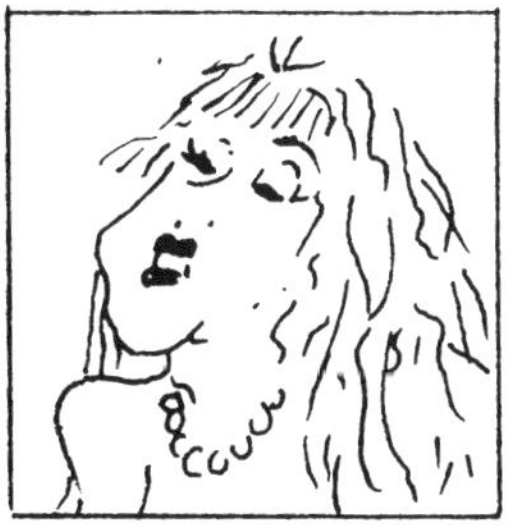
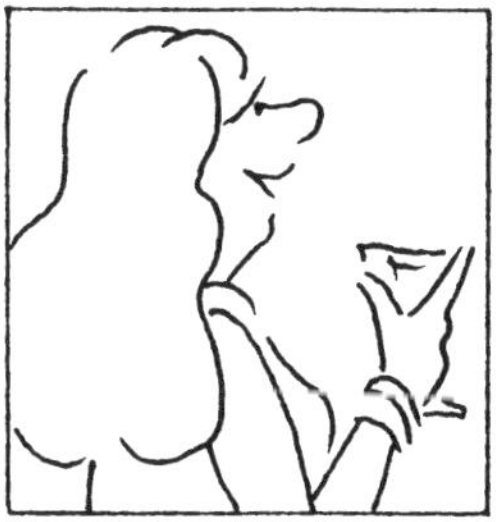
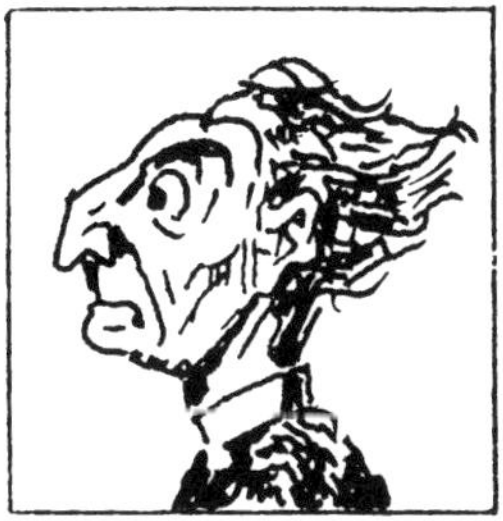
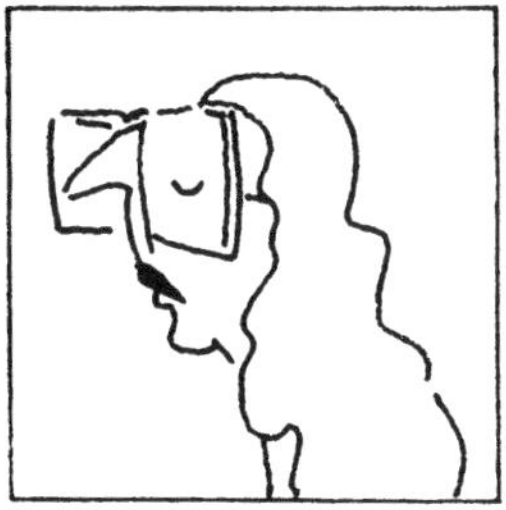
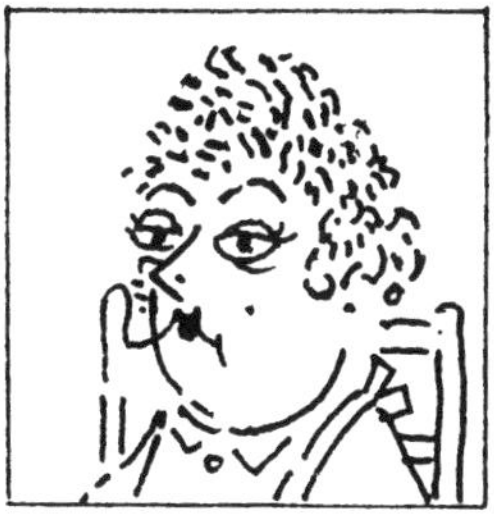
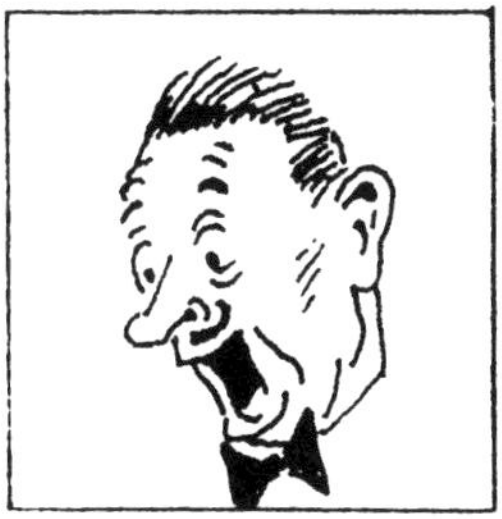

Fontanarrosa

Gaymann

Piem

Bagnall

Schoenbaum

Daumier

Huber

Marcus

Wölz

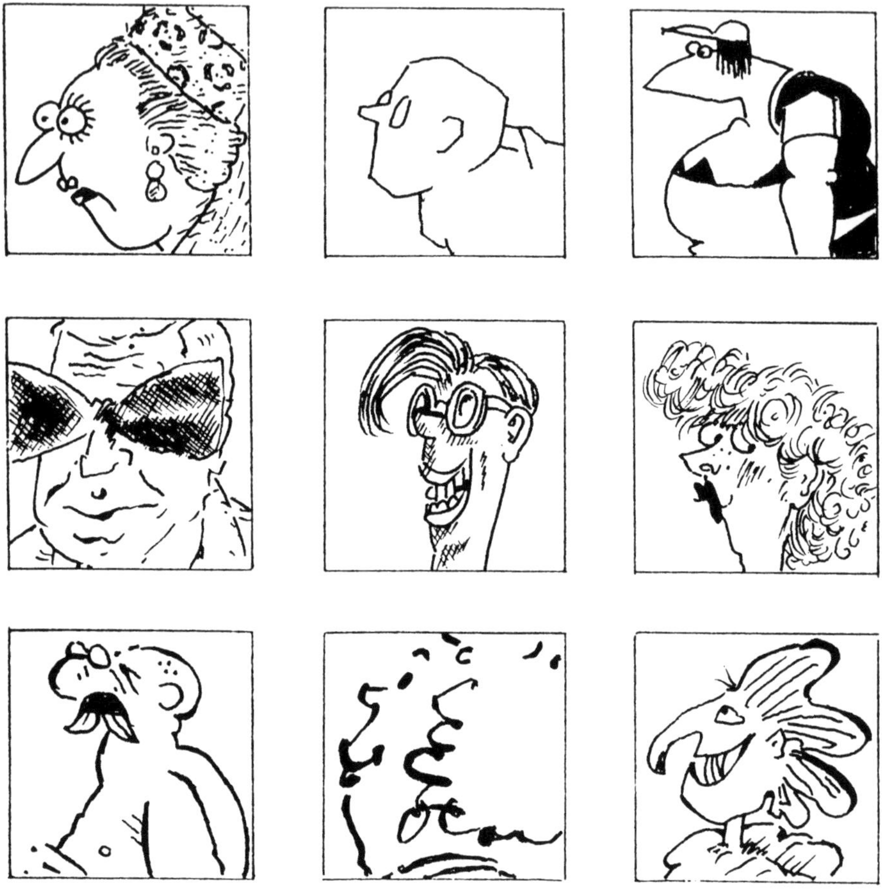

Borer	Barták	Boer
Süsser	Schrank	Sartin
Meder	Leon	Meint

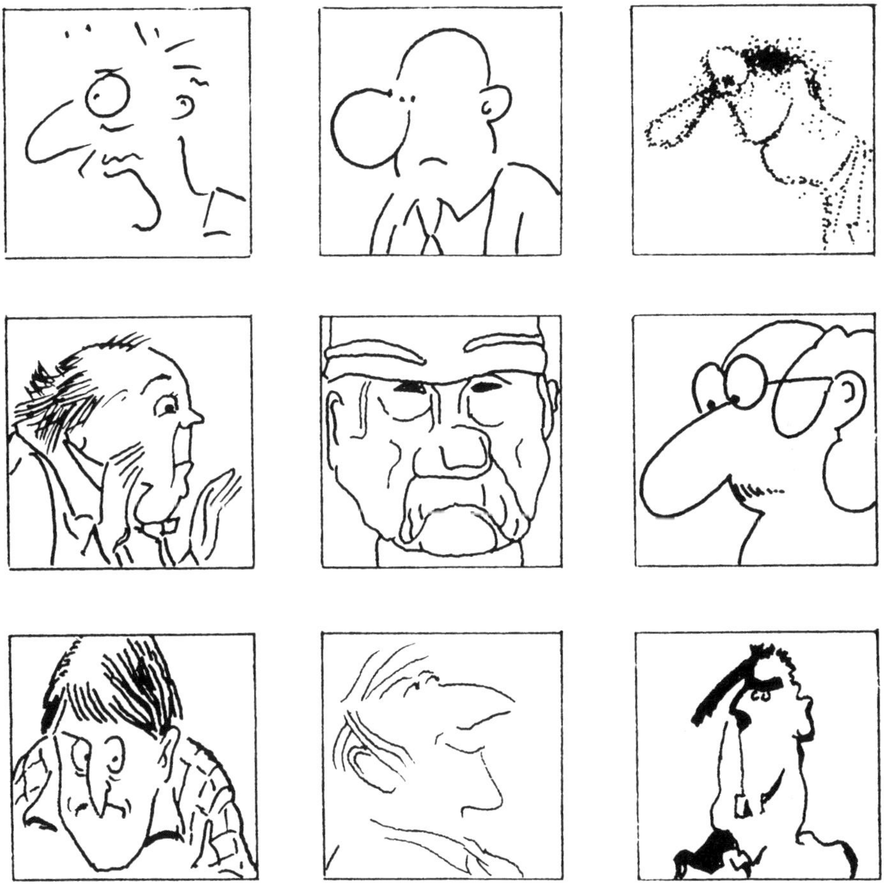

Nerling

Lear

Jeddeloh

Möller

Ringelnatz

Waechter

Koppe

Stege

Schäfer

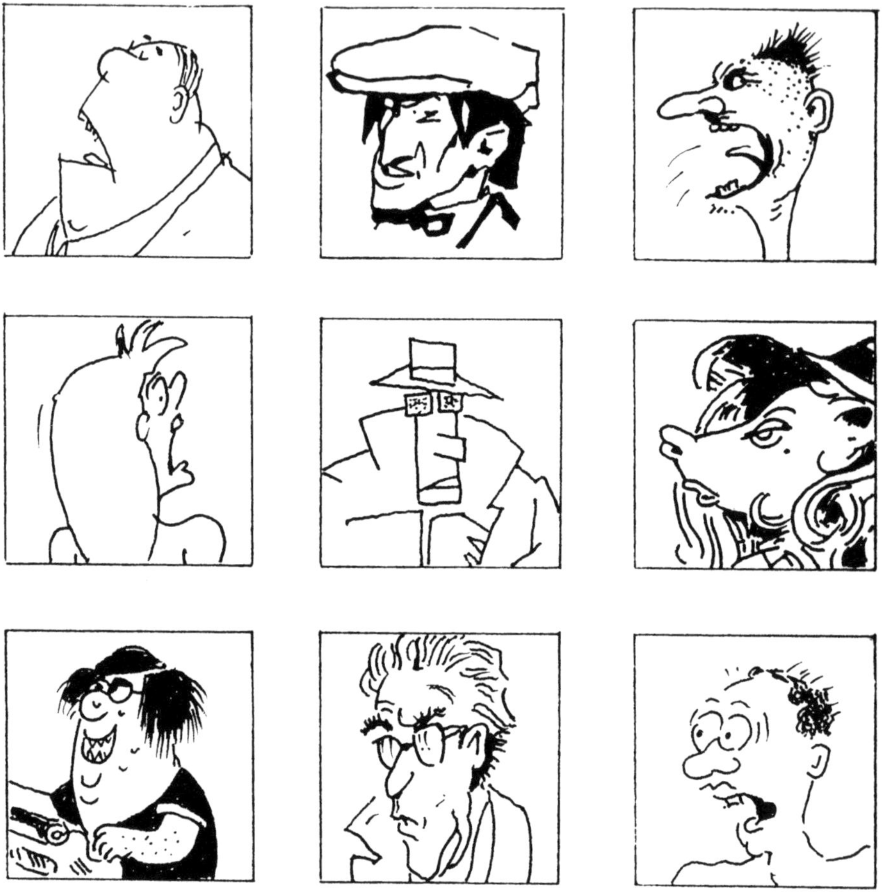

Schwoerer

Puti

Leon

Höxter

Schwörer

Jeddeloh

Nürnberger

H. Wolf

Ruge

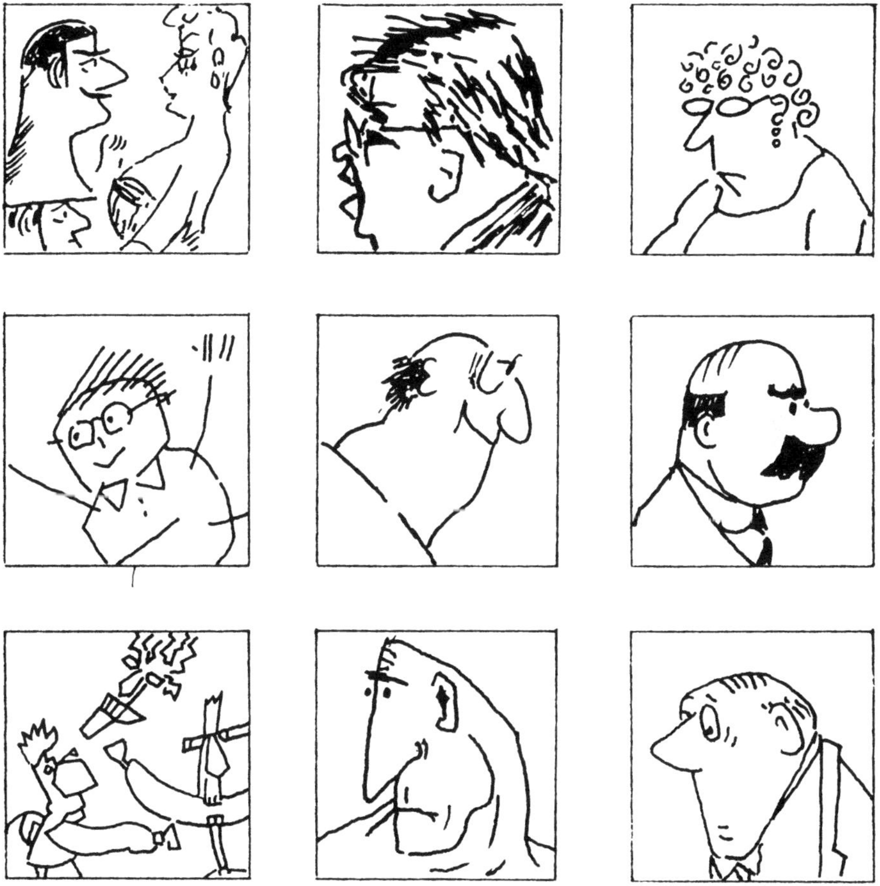

Kovarsky — Hilde Schlotterbeck — Grove

Schlote — Cork — Hergé

Saupe — Wrenn — Hürlimann

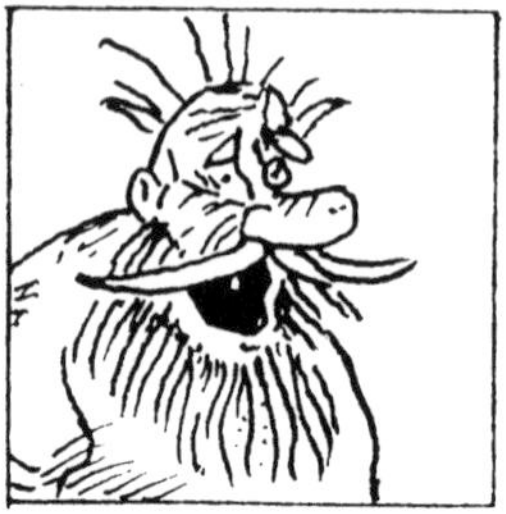
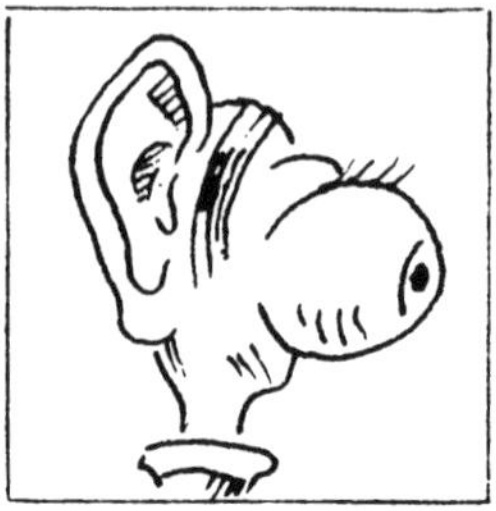
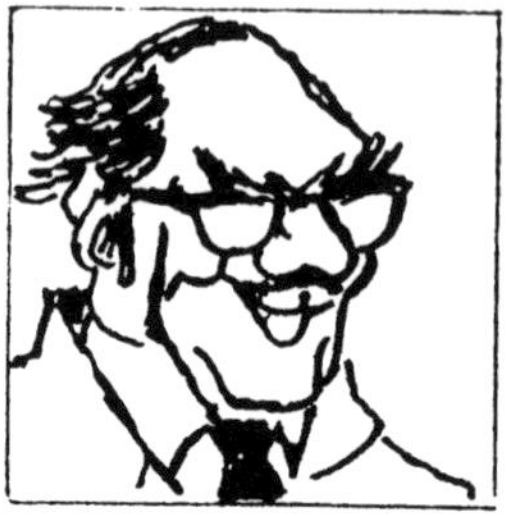
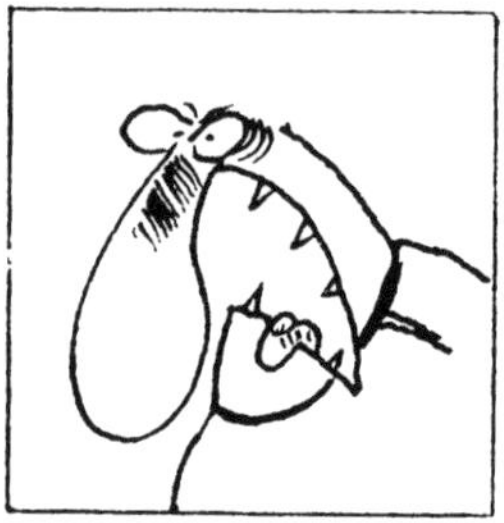
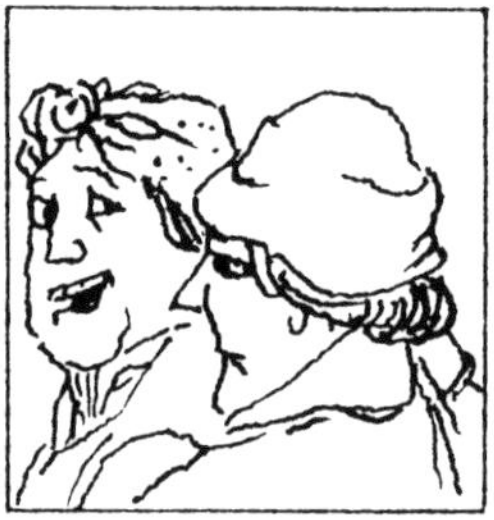
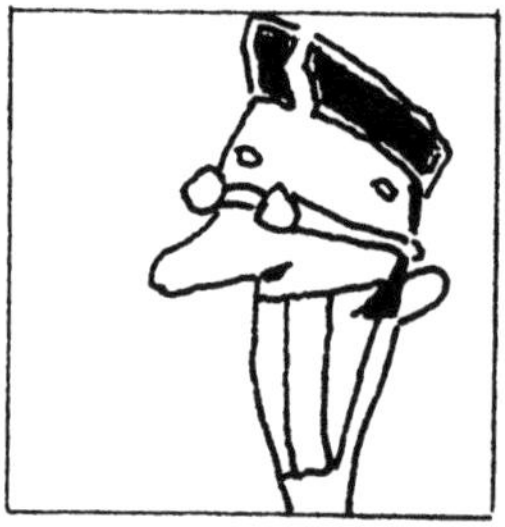
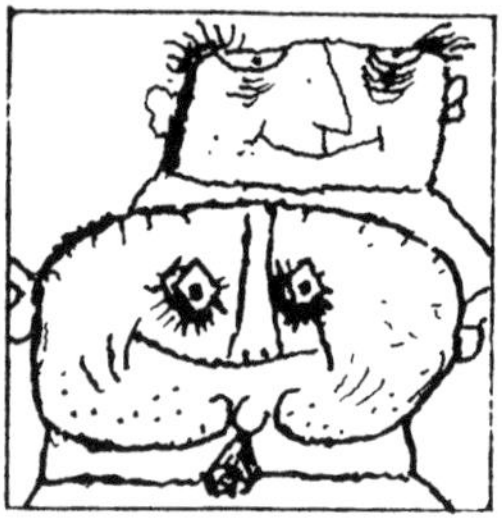
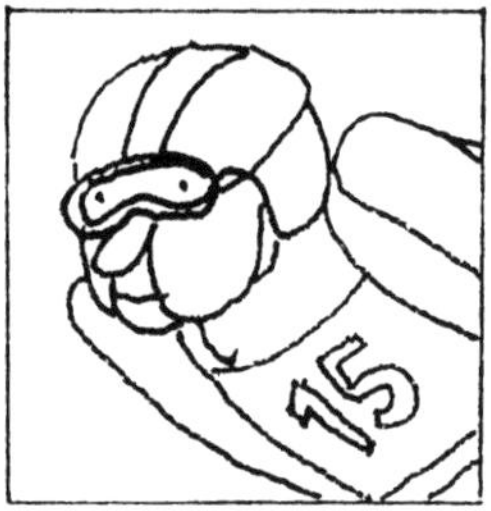
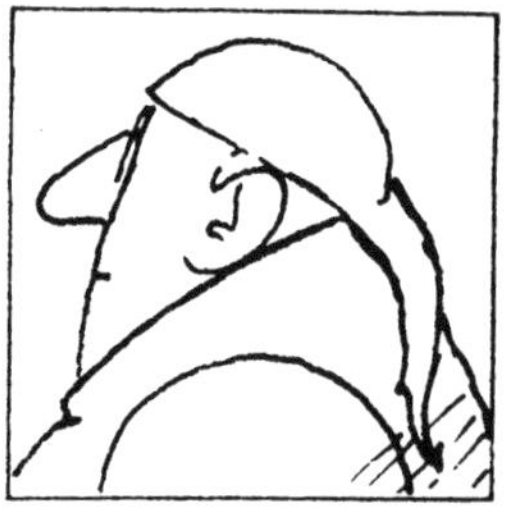

Poluchin

Fritsche

Graßhoff

Busch

Halbritter

Benedek

Neugebauer

Nina P. Puri

Hanel

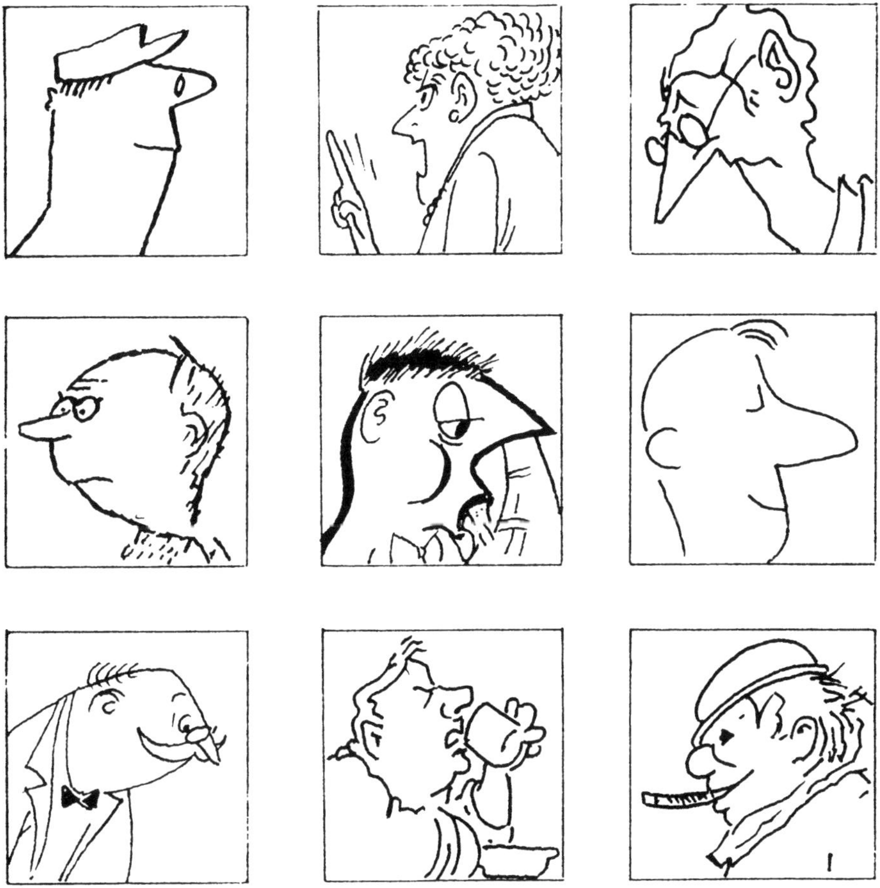

Siné Siegl Sattler

Renčin Dejoux Trez

Aldebert Hildebrandt MacCay

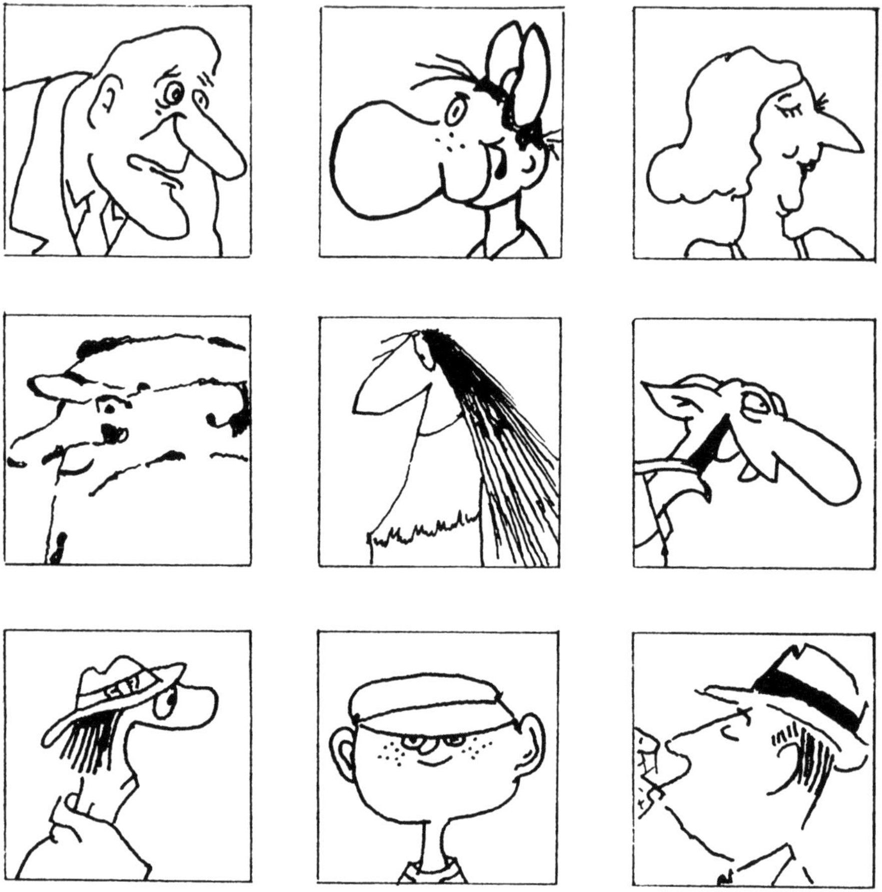

Kamagurka

Hurzlmeier

Ungerer

Fuchs

Klama

Brösel

Willnat

Lea Auvo

Cobean

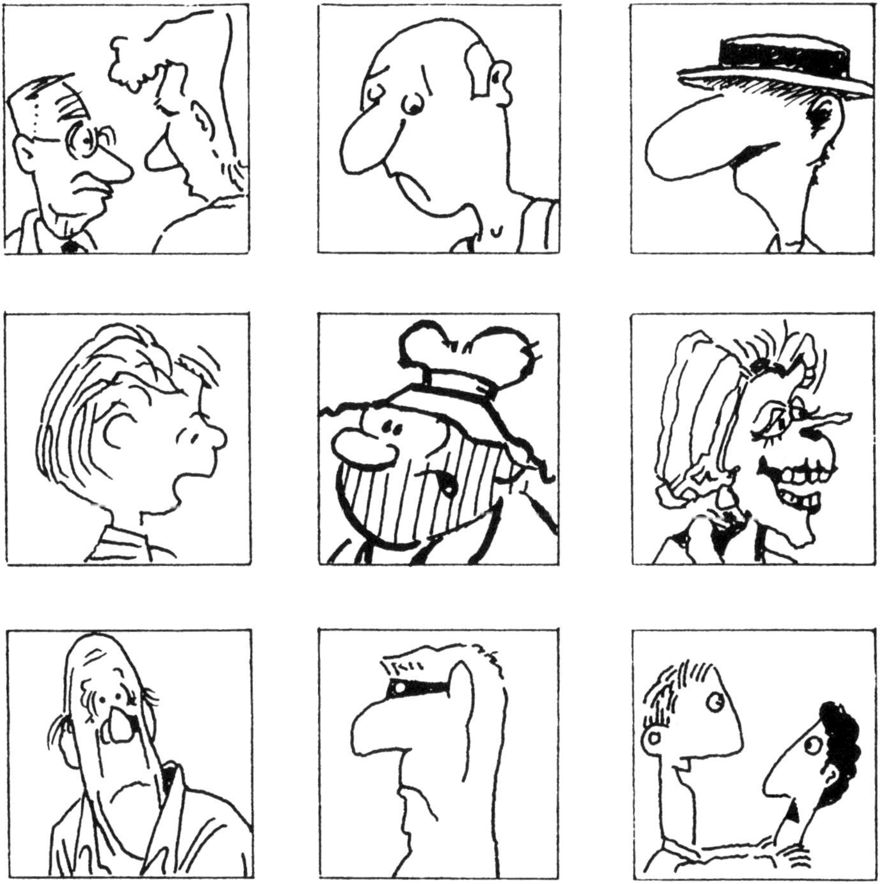

Kiefersauer

Schulz

Ernsting

Heath

Boy

Langer

Traxler

Honeysett

Mayk

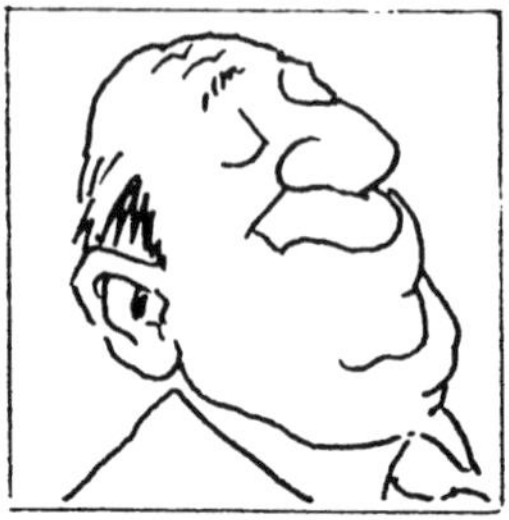

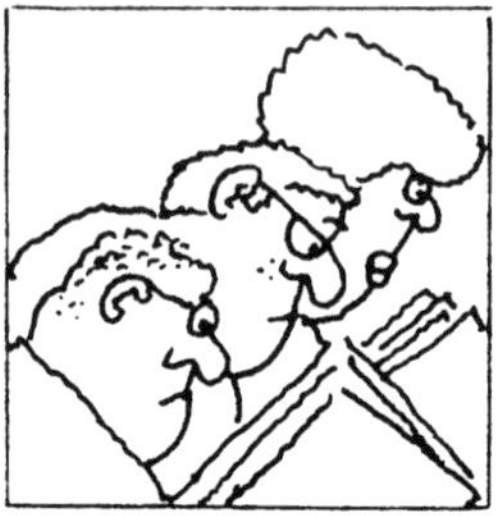

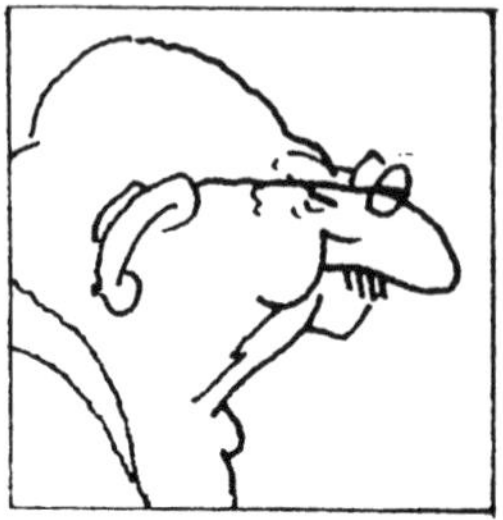

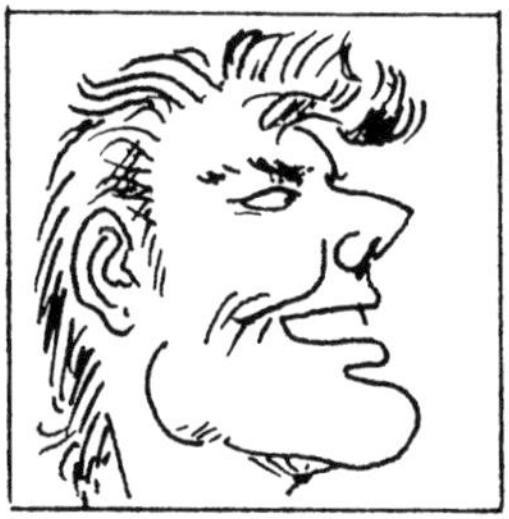

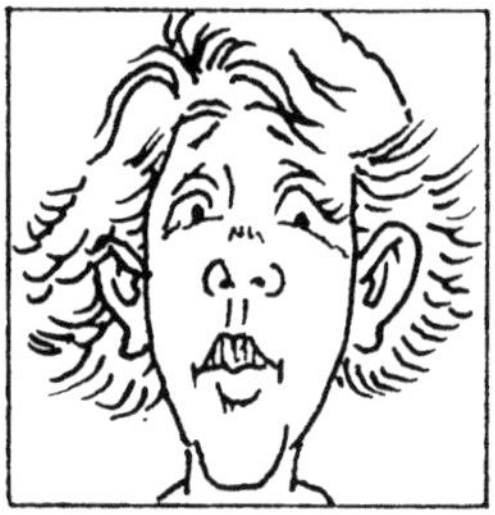

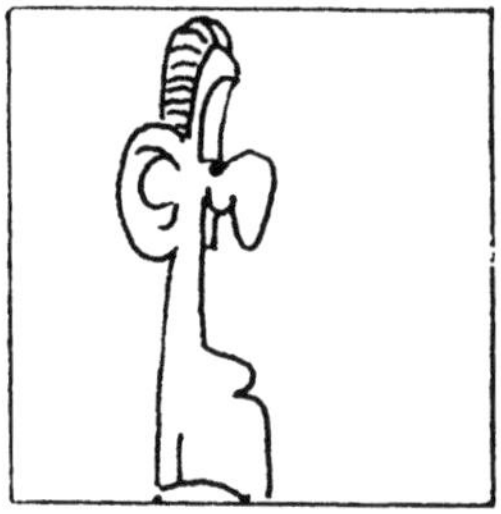

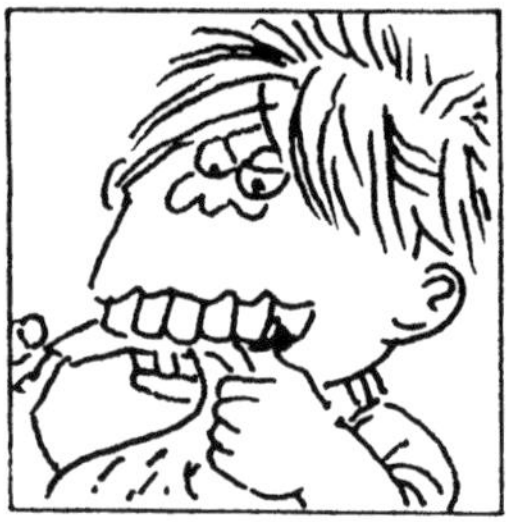

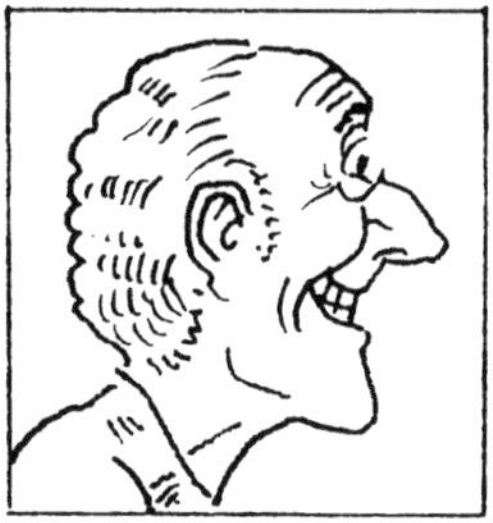

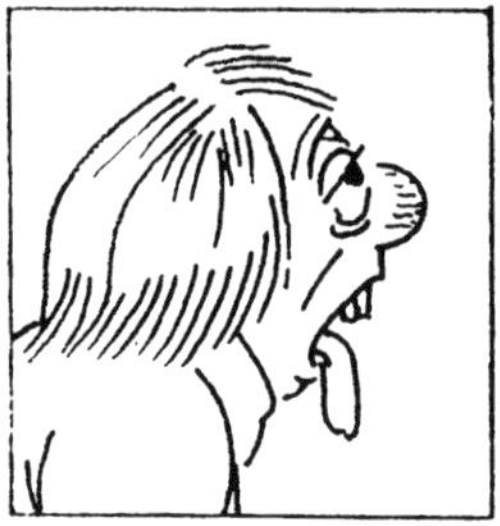

Davis	Porges	Jones
Drucker	Bhakdibutr	Martin
Porges	D. Berg	Jaffee

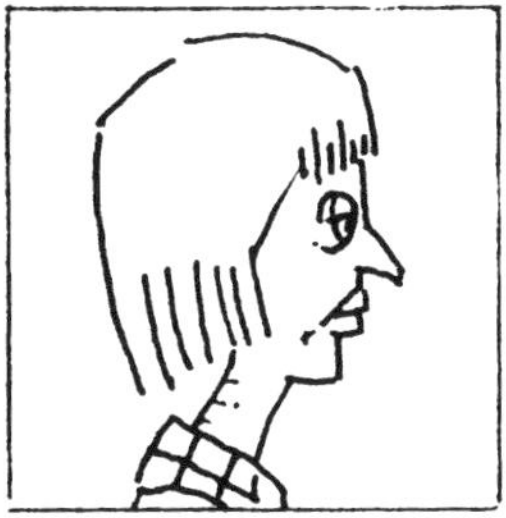
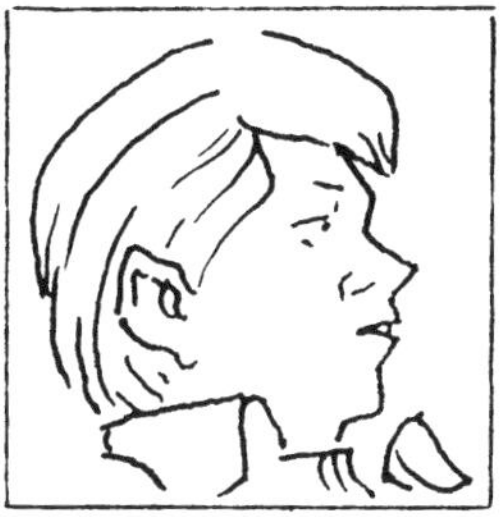
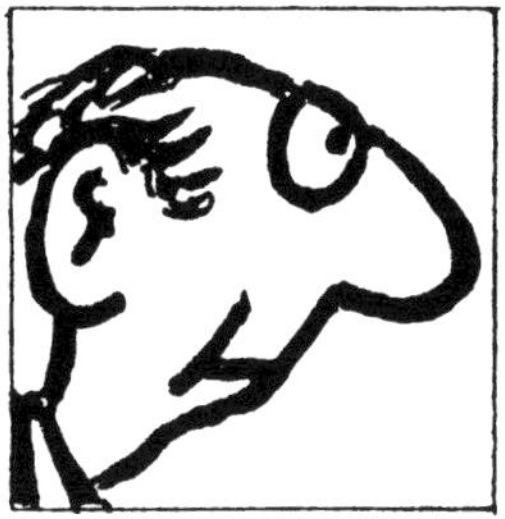
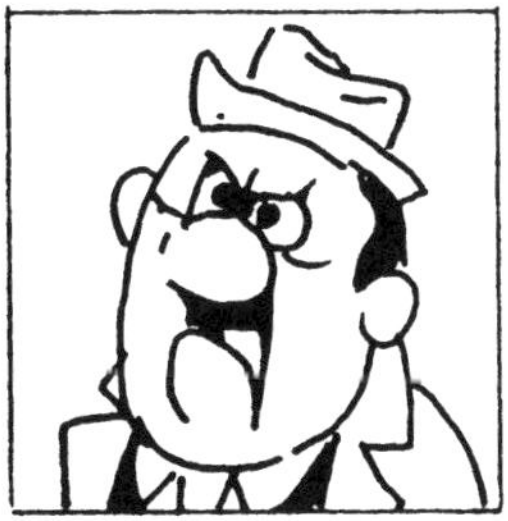
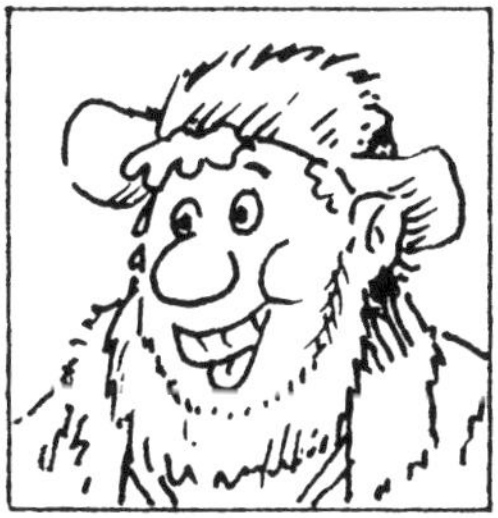
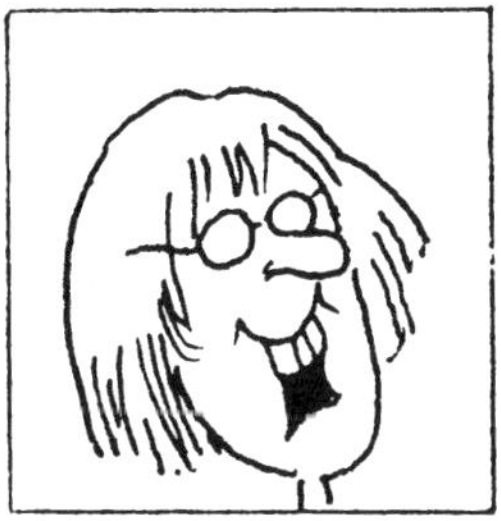
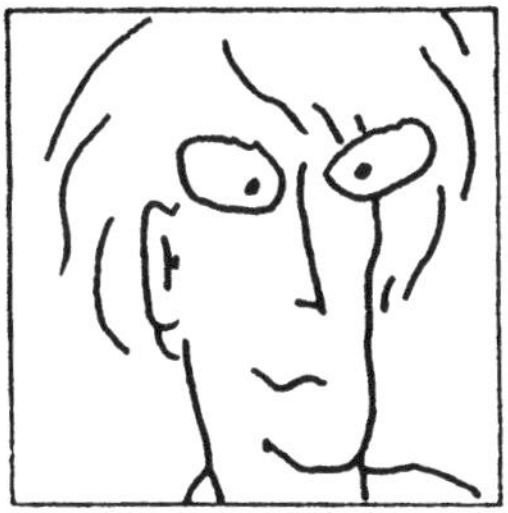
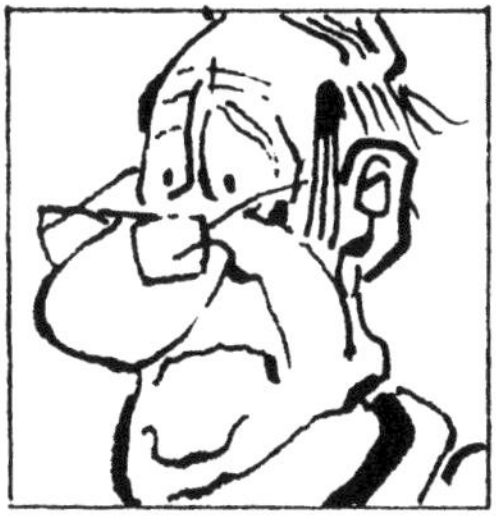
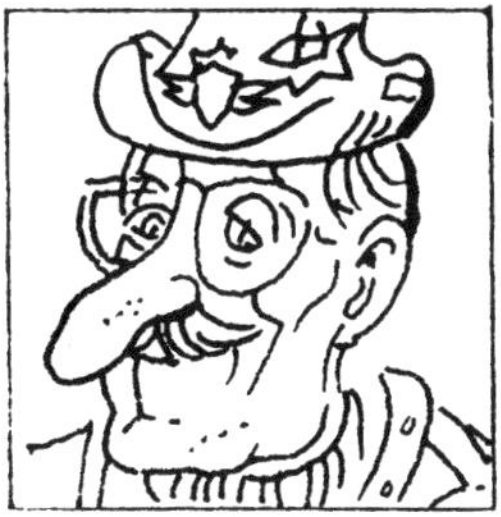

Astalos

Clarke

Papan (von Papen)

Nobert (Lüning)

Uborewitsch-Borowski

Coker

Surrey

Haitzinger

Selentschenko

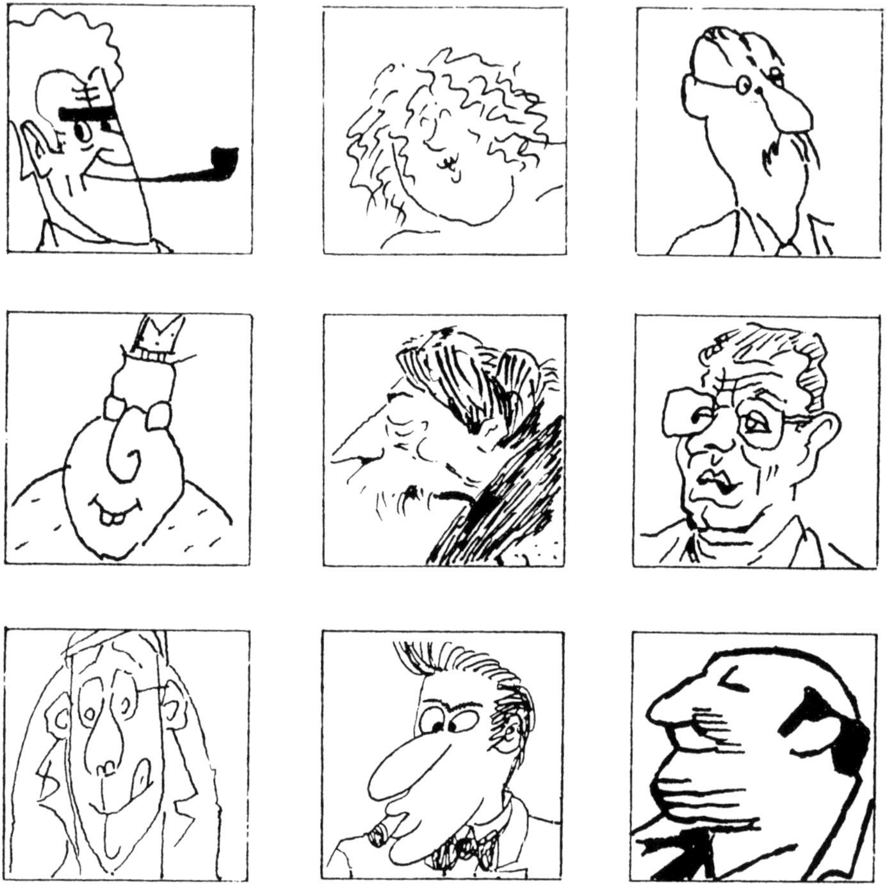

Schmidt — Puth — Vorbeck

Plikat — Stern — Ronstein

Rang (Angerer) — G. v. Gosen — Kmölniger

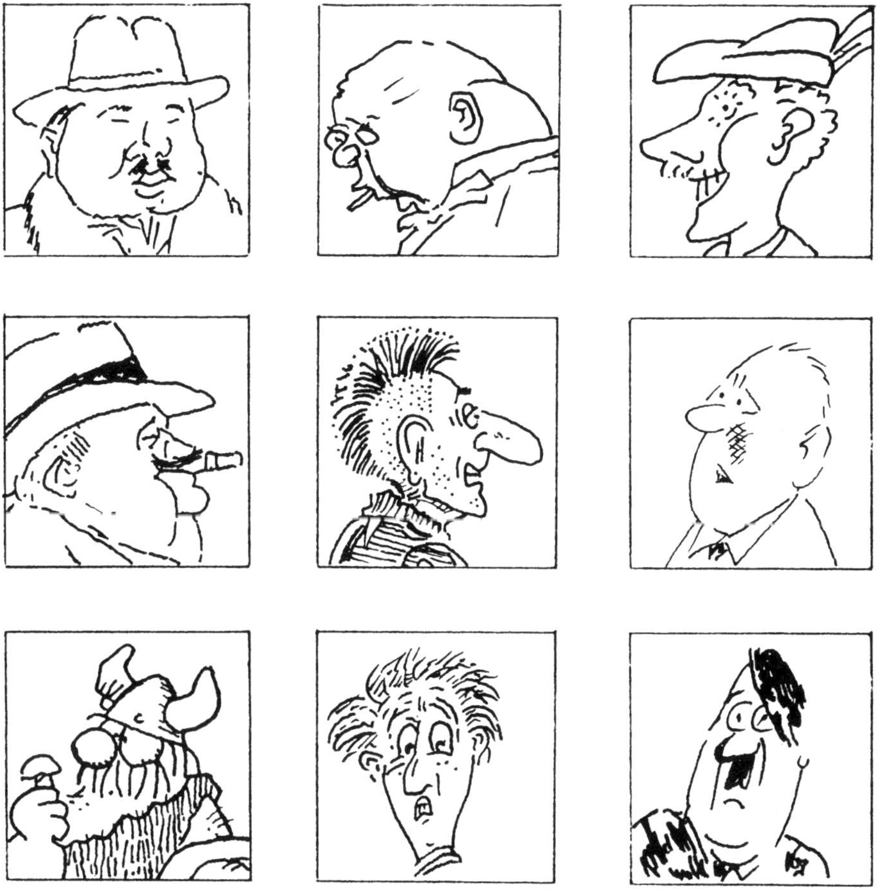

Grosz	R. Wilke	Boginger
Thöny	Bauer	Gernhardt
Browne	Radev	Stuttmann

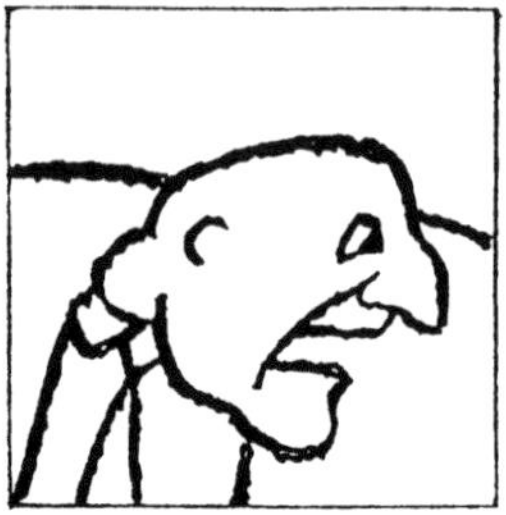
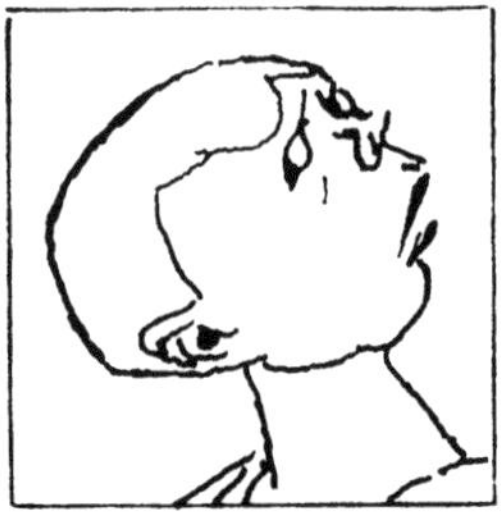
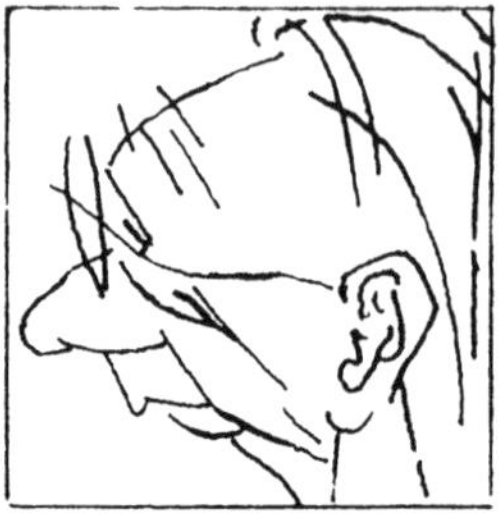
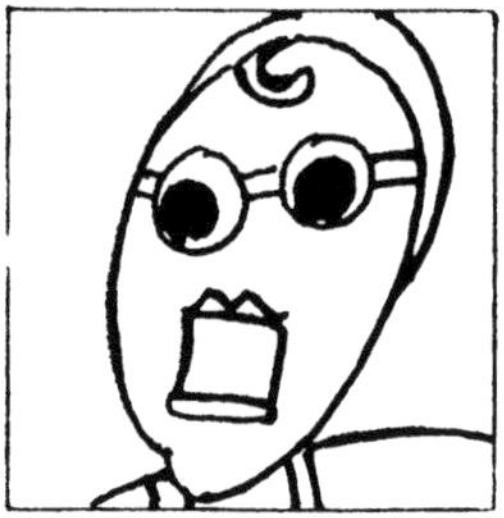
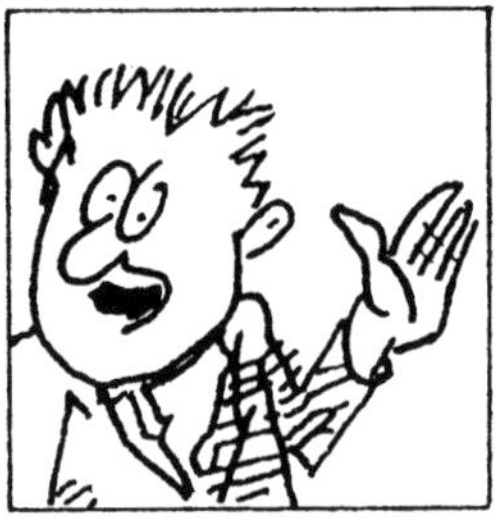
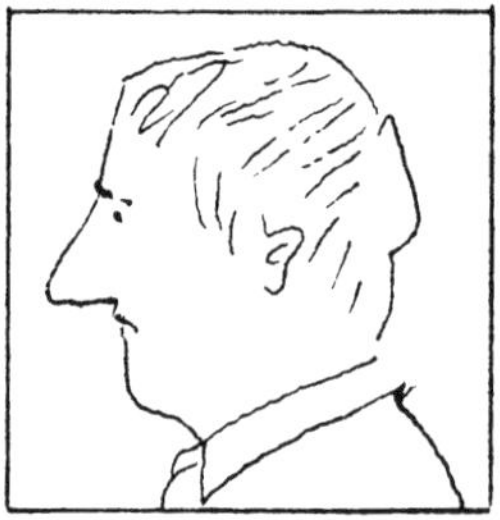
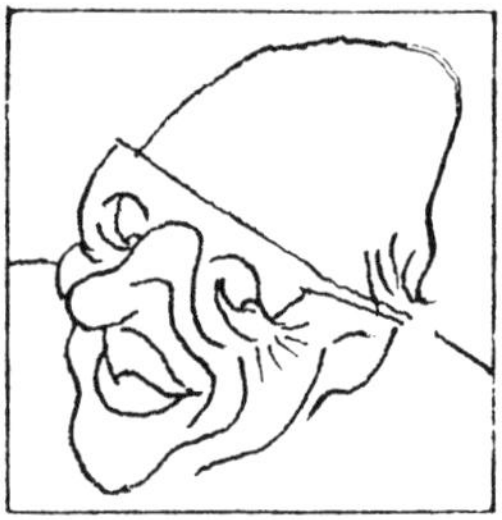
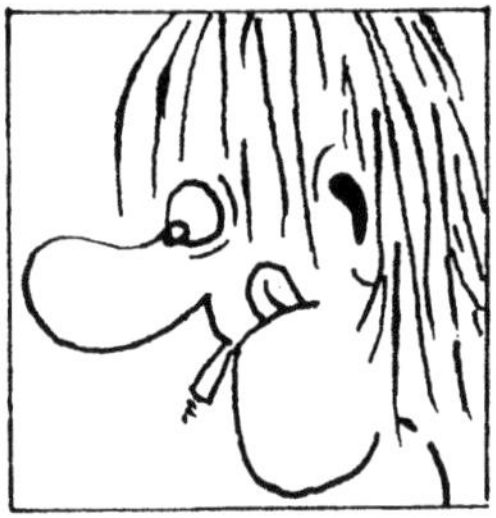
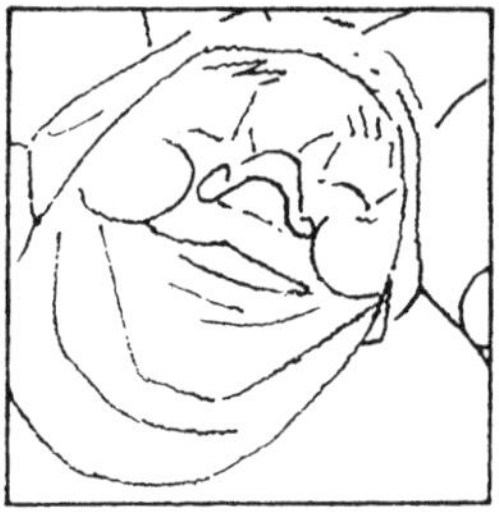

Blumrich

Chwast

Hicks

Paul

Kuro

Seyfried

Szewczuk

Böse

Gulbransson

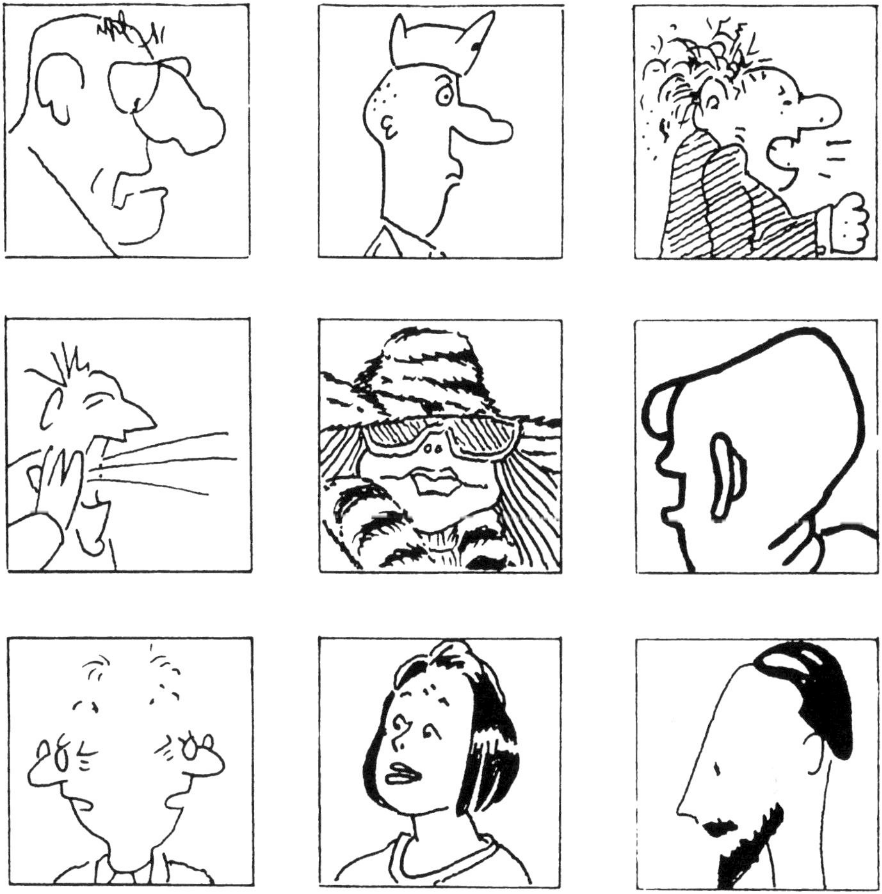

Gondosch

Aragones

Klusen

Vogl

Eder

Löffler

Wildi

Posy Simmonds

Regula Hartmann

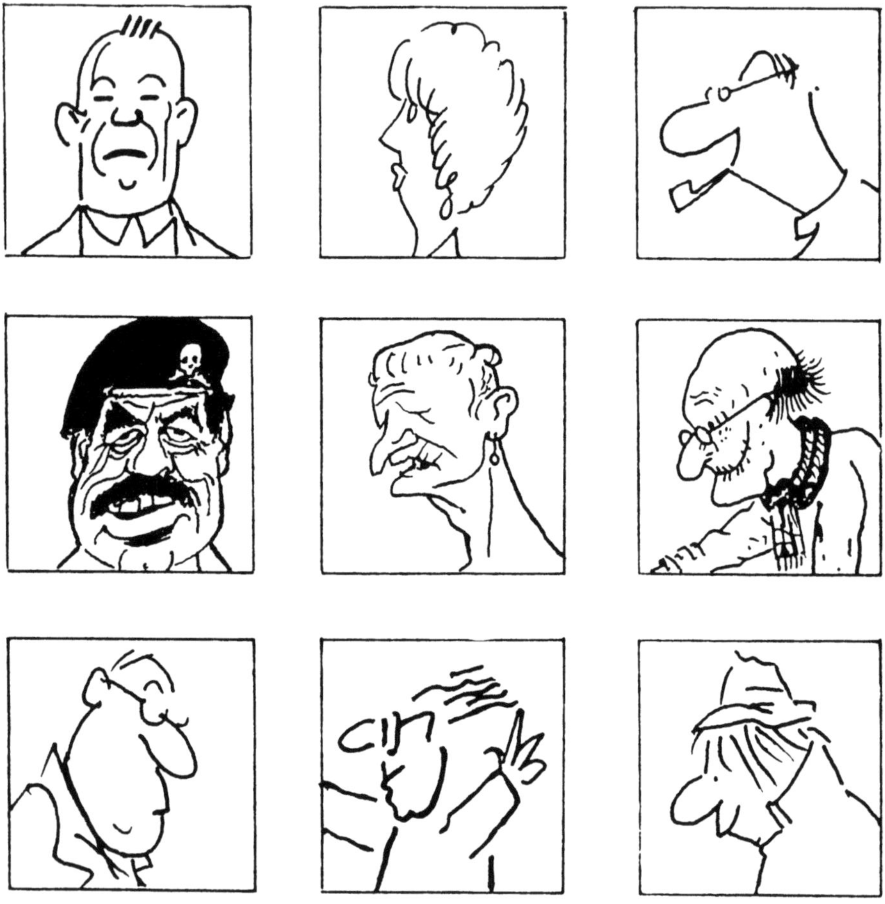

Edelmann Titus Levin

Behrendt Heine Bohdanowicz

Weimer Steiger Modell

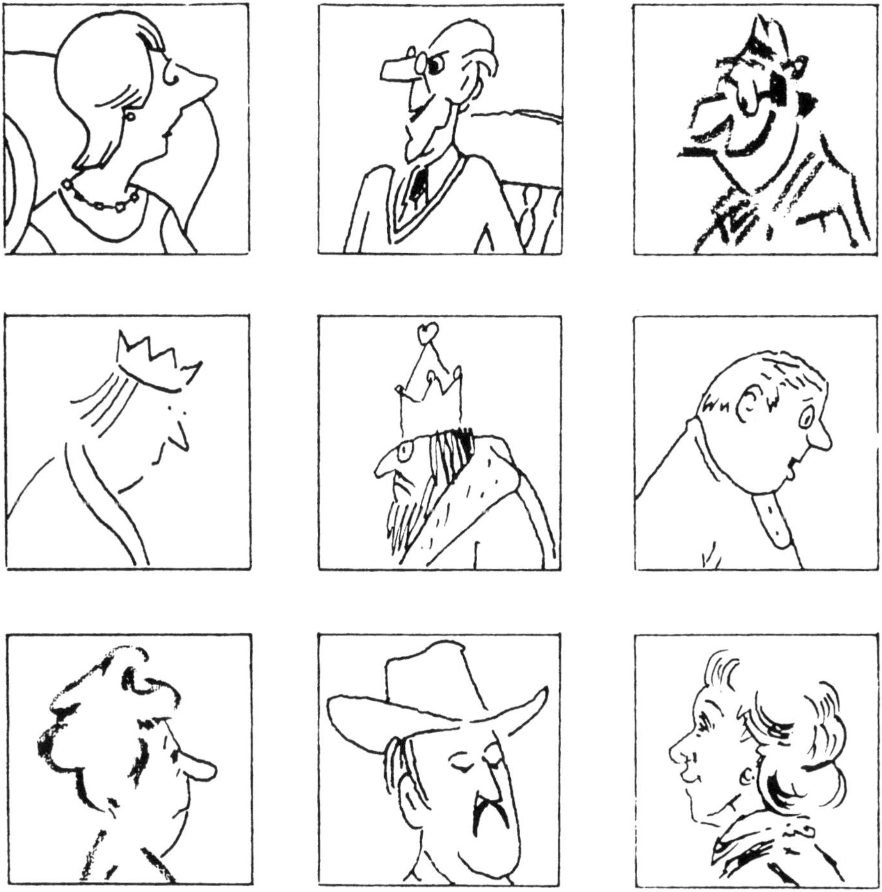

Handelsman	Fradon	Lorenz
Karlin	Ross	Addams
Mulligan	Miller	Hamilton

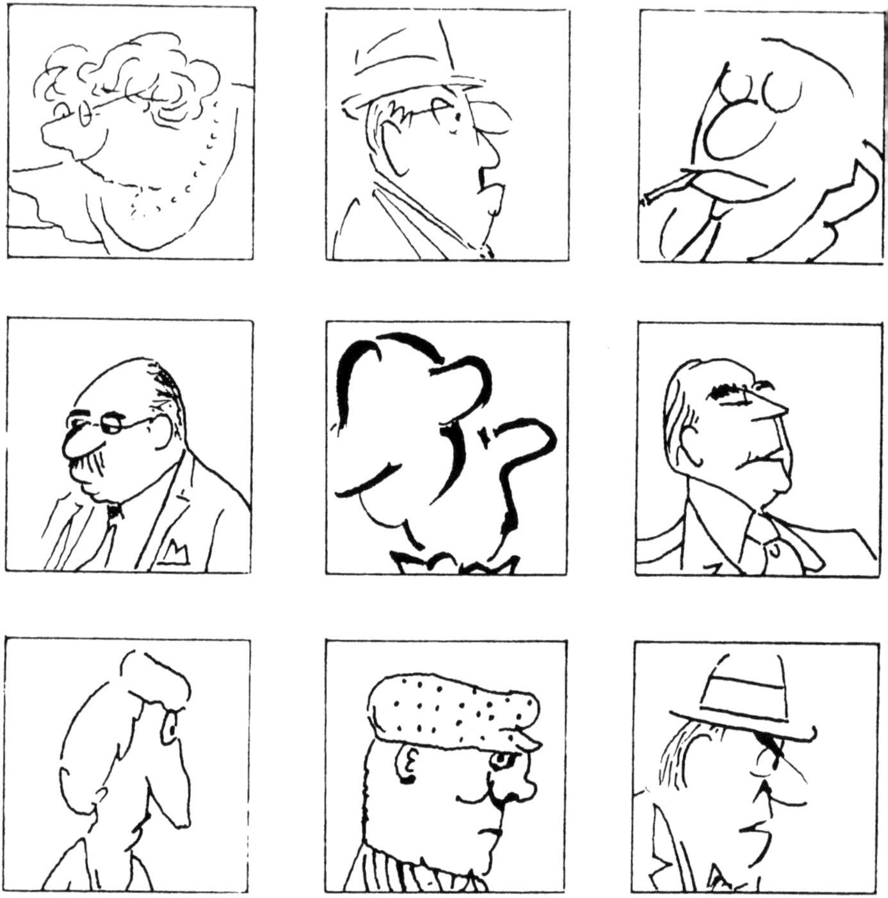

Sempé

Frascino

S. Gross

Stevenson

Lorenz

Florian

Vietor

Farris

Reilly

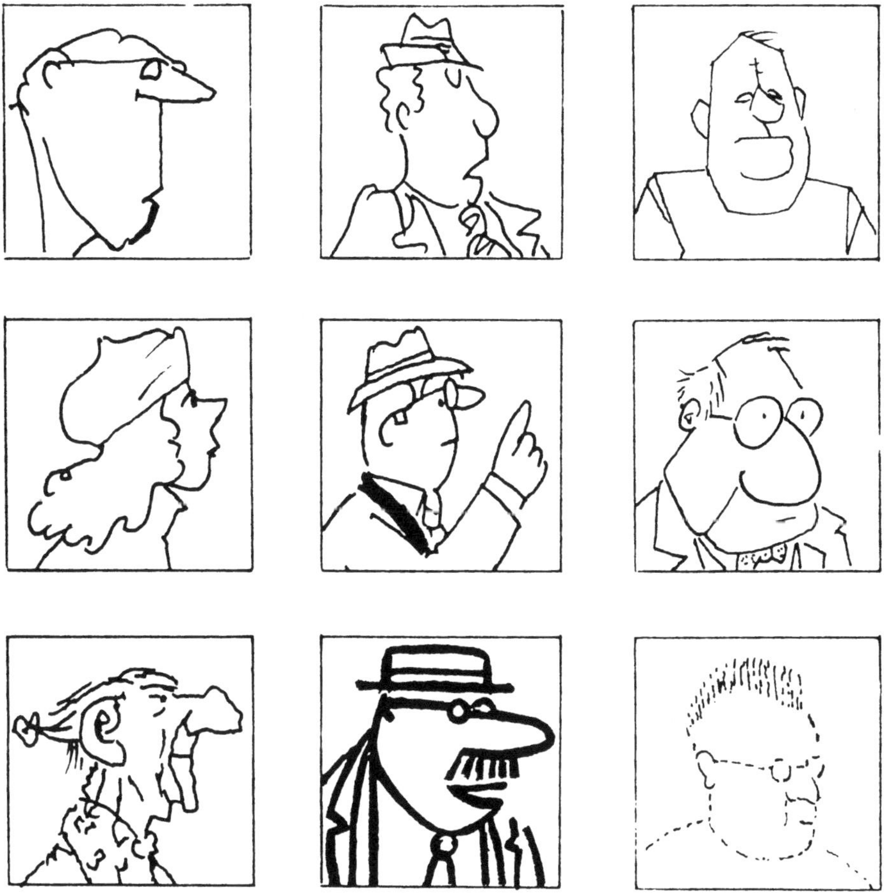

Weber

Fisher

Steig

Christianson

Drucker

Barsotti

Price

Ziegler

Mankoff

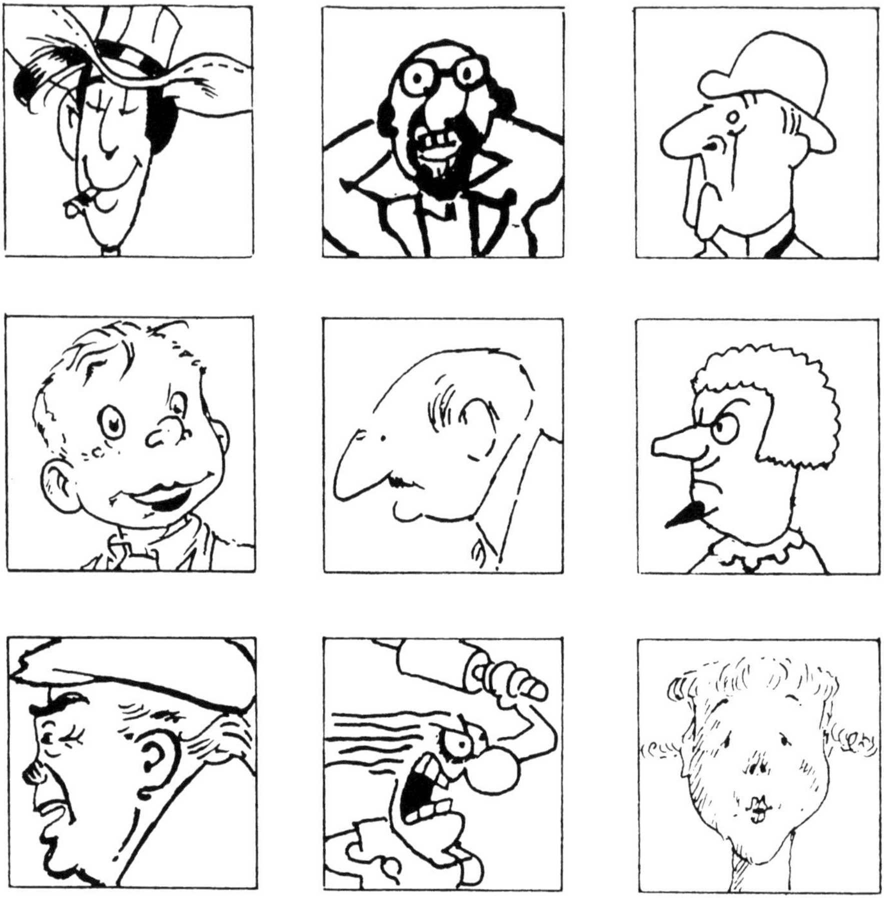

Morris | Myers | Mose

Plessix | Harris | Henry

Gould | Kutschera | Tatjana Hauptmann

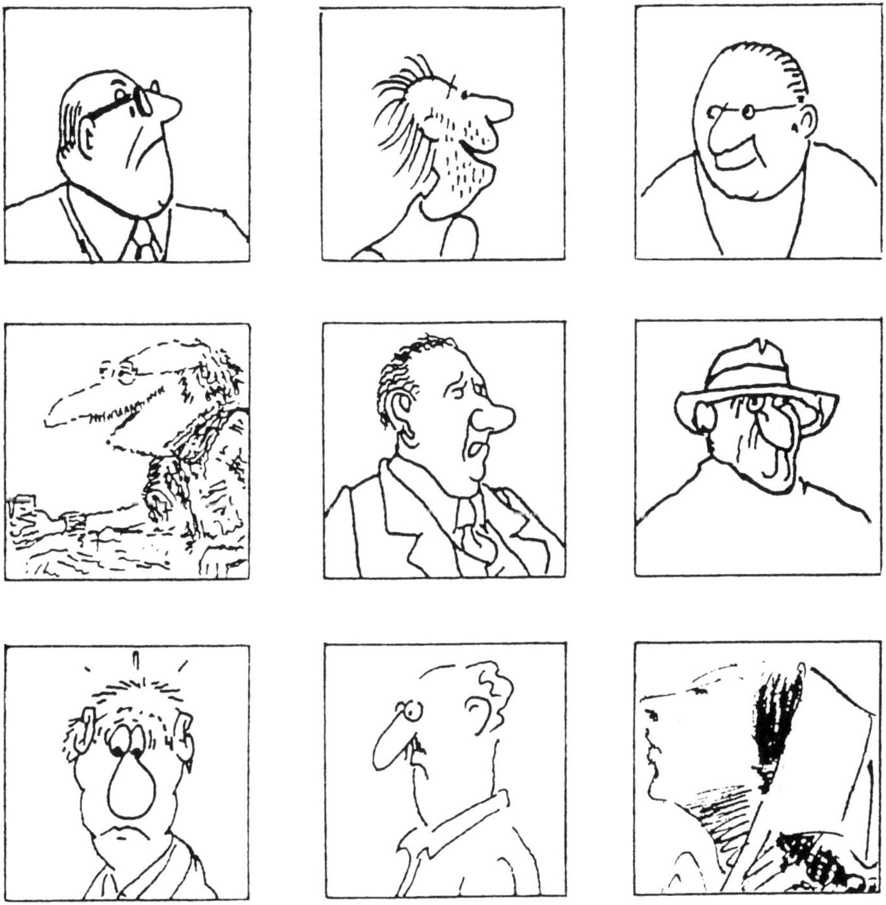

Darrow | Savage | Saxon
Koren | Wilson | Booth
Stein | Twohy | Drobek

KOPFFORMEN

Bei den zwanzig nebenstehenden Profilen mit annähernd gleichbleibender Kopf- und Nasenform sind verschiedene Möglichkeiten dargestellt, den Abschnitt zwischen unterem Nasen- und vorderem Kragenansatz zu verändern.

Bitte beachten Sie bei 1 den großen Abstand zwischen Nase und Mundlinie. Unter der Mundlinie geht das „Kinn" etwas zurück. Wenn Sie nun viermal diese 1 kopieren und den Mundstrich weglassen, seinen großen Abstand aber als Ansatzpunkt für die Unterlippe bzw. Münder von 2, 4, 5, 6 benutzen, also einzeichnen, erhalten Sie weitere vier Varianten. Wenn Sie nun noch einmal 1 elf mal kopieren und setzen die Gesichtsabschnitte 3, 7, 8, 9, 10, 12, 13, 14, 15, 18, 20 so tief mit dem jeweilig veränderten Gesichtsabschnitt ein, erhalten Sie noch einmal 11 andere Gesichter.

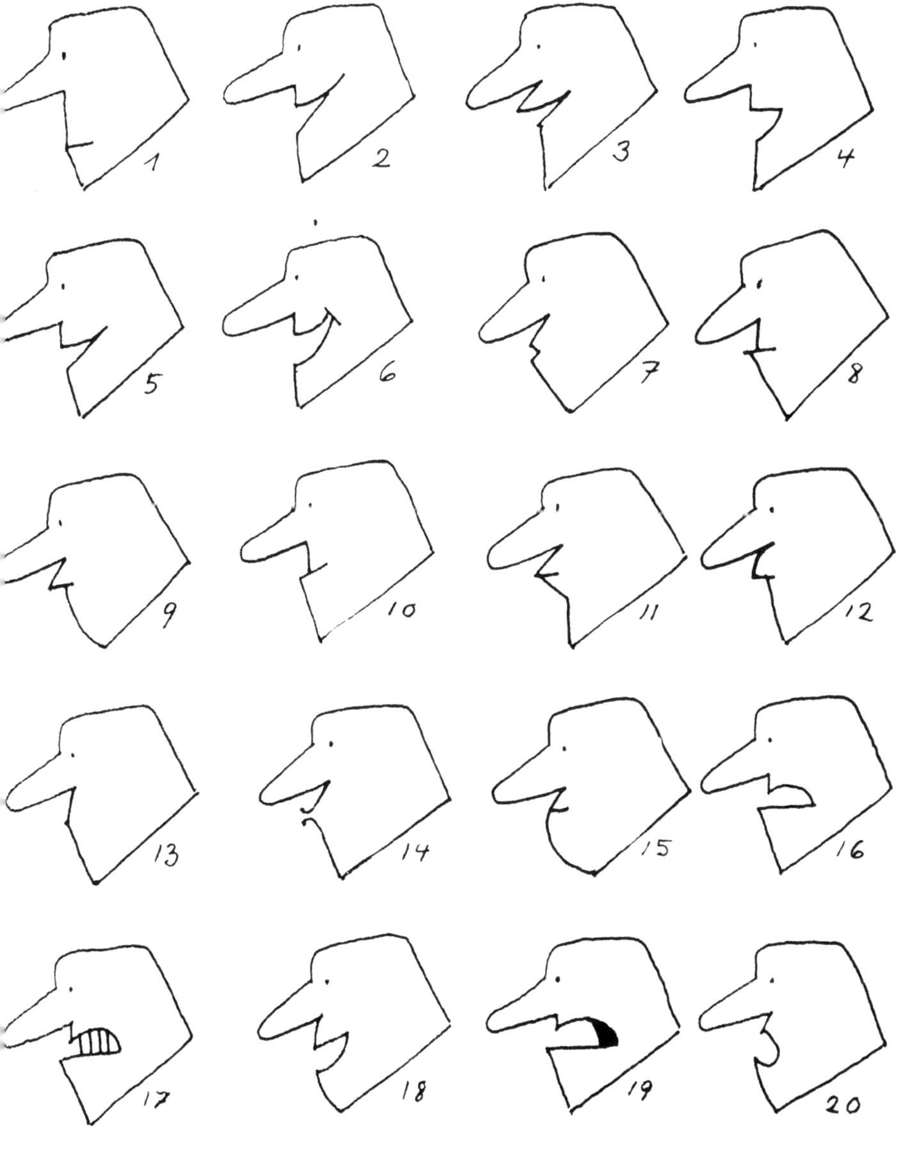
1
2
3
4
5
6
7
8
9
10
11
12
13
14
15
16
17
18
19
20

Die nebenstehenden Strichzeichnungen zeigen zwanzig Kopfformen bei relativ gleichen Nasenformen und Augenformen. Auch die Senkrechten zwischen Nase und Kragen – wenn auch in der Länge verschieden, ähneln sich. Zur Steigerung des Ausdrucks bieten sich folgende Elemente an: 1. Augenbraue; 2. a) Verschiebung des Augenpunktes, b) Veränderung der Augenform (siehe 11, 12, 15, 17); 3. Nasenflügel; 4. Mund (siehe S. 49); 5. Unterkiefer (siehe S. 45); 6. Halsansatz.

Alle diese Elemente sind nur Möglichkeiten. Es gibt erfolgreiche Cartoonisten, die verzichten auf die Darstellung von Ohren (E. Liebermann), andere wiederum ersparen sich die Zeichnung von Augen (Löffler).

Aufgabe: Kopieren Sie die Zeichnung, von der Sie meinen, daß Sie sie am besten ausbauen können, mehrmals. Lassen Sie aber den Augenpunkt und die Linie zwischen Nase und vorderem Kragenansatz weg! Verändern und ergänzen Sie den Profilabschnitt nach ihren Vorstellungen! Setzen Sie in die Zeichnungen 1, 11, 13, 14, 16 verschiedene Münder ein!

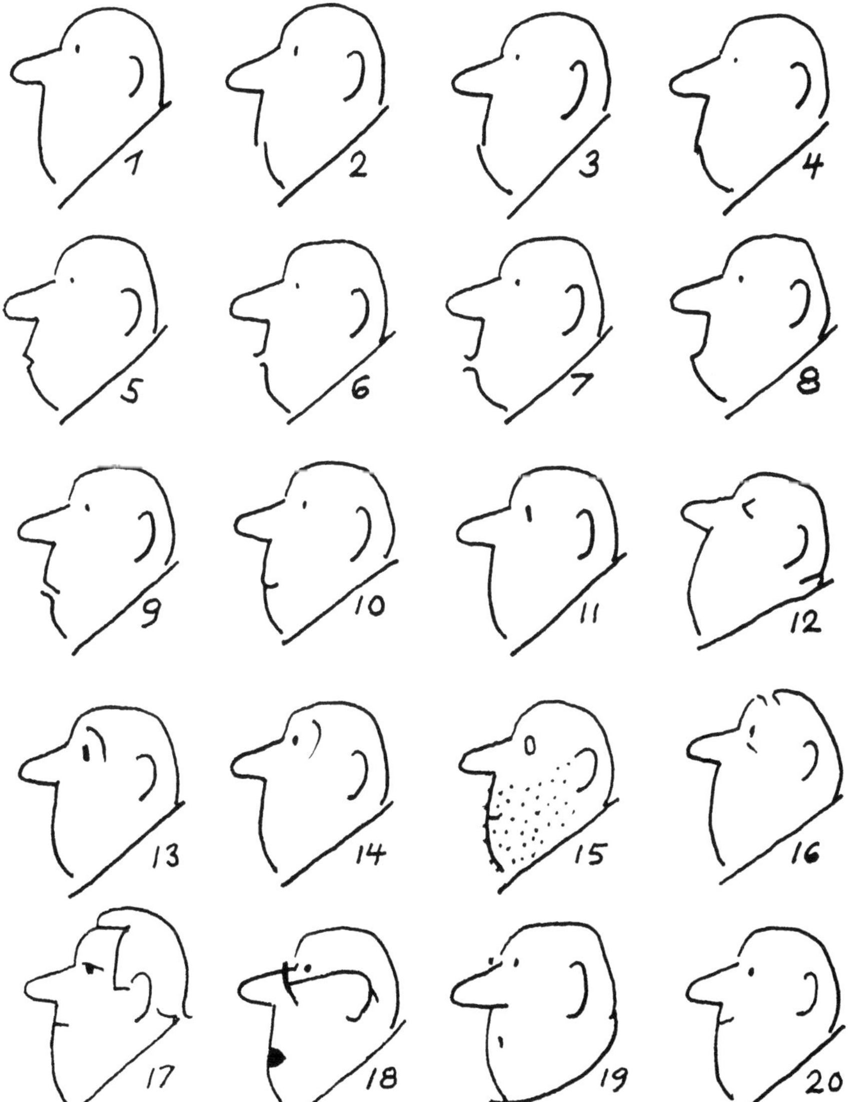
1
2
3
4
5
6
7
8
9
10
11
12
13
14
15
16
17
18
19
20

Zeichnen Sie zu den nebenstehenden 20 Mündern Profile (vom Hals bis zur Stirn einschließlich) dazu! Lassen Sie die Kreise weg!

Das Kinn kann nach hinten fliehend sein, es kann hakenförmig, rund oder spitz sein. Es kann ein Doppelkinn sein. Sie können eine Kinnfurche einfügen.

Den Abstand zwischen Oberlippe und Nase können Sie lang oder kurz halten. Diese Linie kann senkrecht, noch vorn oder hinten, gerade oder konvex oder konkav gebogen verlaufen.

Als mögliche Nasenform (mit oder ohne Nasenflügel, mit oder ohne Andeutung des Nasenlochs) zähle ich auf:

Adler- und Hakennase als nach unten gekrümmte Nasen,
Knollen- oder Kartoffelnase als dicke Nasen,
Himmelfahrts- oder Stupsnase als nach oben gebogene Nasen.

Das Zeichen für das Auge kann ein Strich, ein Punkt, ein Kreis, eine Ellipse, ein Oval, ein Punkt in einem Kreis, eine Horizontale in einem Kreis mit oder ohne Punkt sein.

Benutzen Sie dabei auch die auf S. 47 angegebenen Zeichen. Die Kreise der nebenstehenden Darstellung sind nicht als Norm gedacht. Es gibt und gab aber auch Karikaturisten, die als Köpfe Kreise oder kreisförmige Gebilde gezeichnet haben.

Es geht immer darum, etwas zu probieren und das Probierte zu variieren, bis es als Erprobtes Ihrem Urteil standhält.

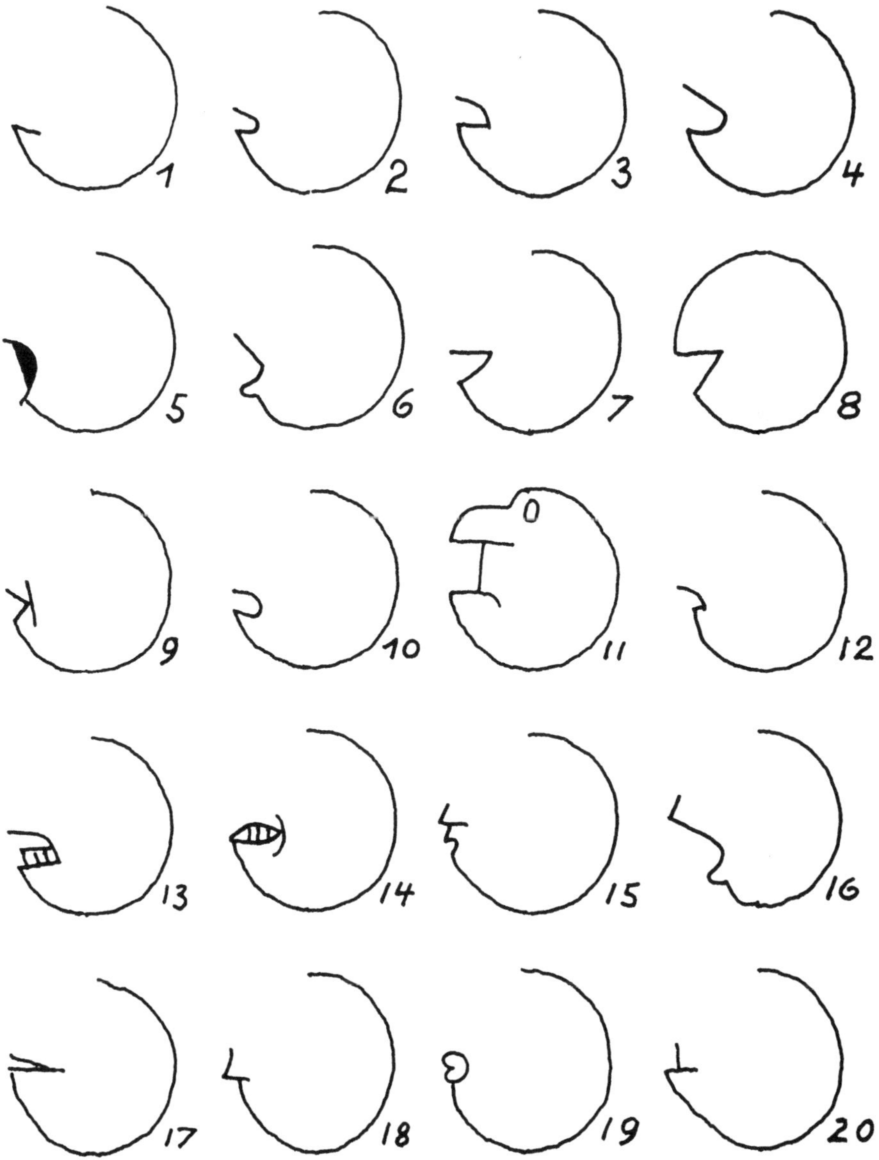
1
2
3
4
5
6
7
8
9
10
11
12
13
14
15
16
17
18
19
20

Brille im Profil

Generell, und das gilt auch für andere Zeichenobjekte, kann man zwischen einer offenen und einer geschlossenen Darstellungsweise unterscheiden. 7 zeigt eine geschlossene Darstellungsweise. Alle Linien sind fest miteinander verbunden und dadurch von der Umgebung getrennt. 16 gibt eine offene Darstellungsweise wieder. Kopf und Kragen, Nase und Brille, Stirn und Brille berühren sich nicht. Bei dieser Zeichnung wurde der zeichnerische Vortrag variiert. Kopf, Kragen und Brille sind mit dünnen, Augenbraue und Augenpunkt mit dicken Linien dargestellt. Bei 9 mit betontem Augenpunkt, bei 19 mit betonter Augenbraue und betontem Augenpunkt und bei 20, mit betontem Brillengestell, ist mit dem Kontrast von dicken und dünnen Linien gearbeitet worden. Die Brille kann klein sein. Dadurch wird die Nase mehr hervorgehoben (1). Der Bügel kann oben an der Brillenfassung sitzen (2). Der Brillenbügel kann bis zur Mitte des Glases durchgezogen werden. Damit wird er zum Augenpunkt (3). Die Brillenfassung kann, obwohl man bei einem Kopf in Profilansicht wenig von der Rundung des Glases sieht, ellipsenförmig (4, 5, 6, 7, 8, 9, 10, 11, 15, 16, 17) und kreisförmig (12) dargestellt werden. Man kann die Brille ganz von der Seite wiedergeben (13, 18, 19, 20). Den Augenpunkt kann man weglassen (2, 4, 8, 14), aber auch mit einem Augenpunkt (12, 19) oder einem Augenstrich (10, 11, 17) kann man je nach Plazierung, Richtung, Länge und Stärke verschiedene Wirkungen erzielen. 14 steht für eine Brille mit halben Gläsern. Bei 5 halbiert der durchgezogene Bügel das Glas. Er wird so zum oberen Augenlid. Ein anderer Ausdruck entsteht, wenn ein senkrechter Strich hinzugefügt wird (6). Setze ich unter den horizontalen Strich einen kleinen Halbkreis mit einem Punkt, so entsteht ein mißtrauischer finsterer Ausdruck (7). Bei 8 und 18 sind die Augenbrauen besonders hochgezogen und die Linien zwischen Nasenansatz und Stirn weggelassen. Da ein horizontaler Brillenbügel den Ausdruck eines aufmerksamen gespannten Gesichtsausdrucks mindert, ist bei 13 der Bügel im Schläfenbereich weggelassen worden, so daß der betonte Augenpunkt stärker wirken kann.

Aufgabe: Kopieren Sie die Brillen (mit Brauen, Augenpunkten), von denen Sie meinen, daß sie Ihren Formvorstellungen am meisten entsprechen und zeichnen Sie dazu verschiedene andere Köpfe in Seitenansicht!

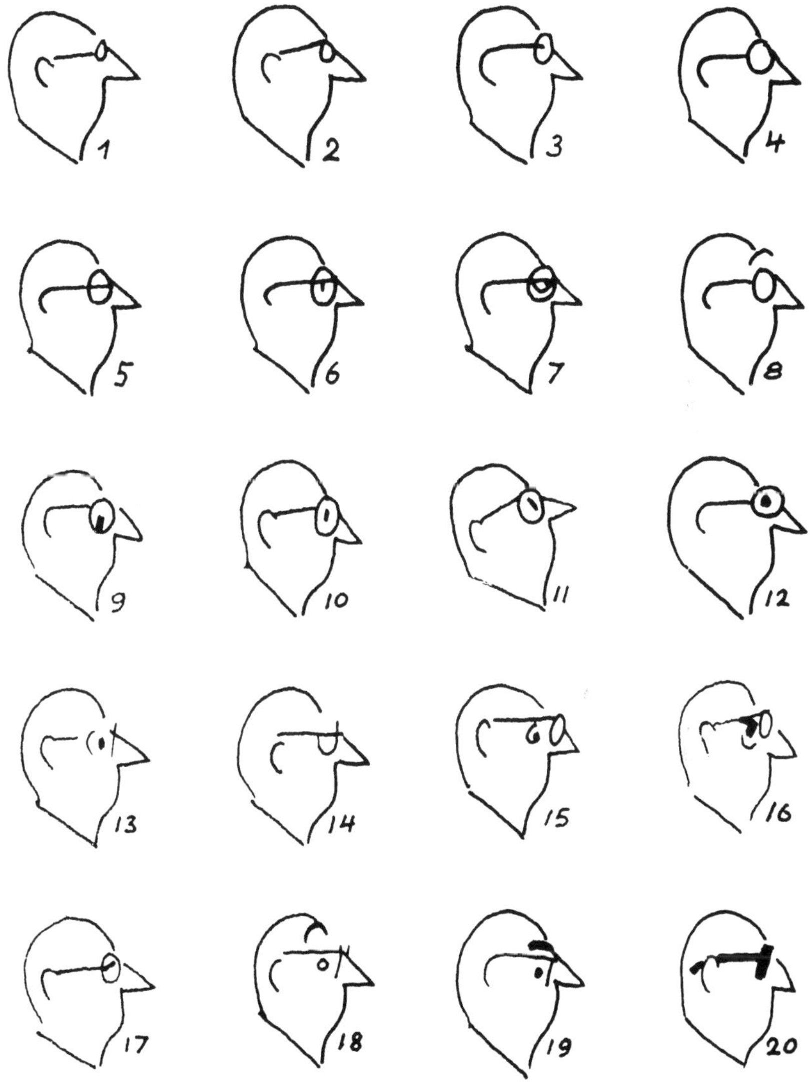
1
2
3
4
5
6
7
8
9
10
11
12
13
14
15
16
17
18
19
20

Frisuren

Auf den folgenden drei Seiten sind verschiedene Frisuren dargestellt. Die Köpfe auf Seite 53 haben annähernd die gleichen Profile. Die Münder sind weggelassen.

Aufgabe: Fügen Sie mit einem weichen Bleistift (HB oder 2) verschiedene Münder nach Ihren Vorstellungen ein oder benutzen Sie die Mundformen von Seite 49. Achten Sie auf die Veränderung des Gesichtsausdrucks, wenn Sie z. B. mit der gleichen Mundform den Abstand zum unteren Nasenansatz verschieben! Dazu können Sie auch Münder aus der „Galerie" verwenden!

Aufgabe: Verändern Sie den Ausdruck, indem Sie Augenformen aus der Galerie oder von der Seite 47 benutzen!

Aufgabe: Pausen Sie verschiedene Köpfe durch Transparentpapier, lassen Sie aber dabei die Nase weg, und setzen Sie andere Nasen ein!

Aufgabe: Zeichnen Sie nur die Gesichter von Seite 55 und variieren Sie sie mit Frisuren von Seite 53 und 54!

Aufgabe: Setzen Sie den Profilen verschiedene Brillen (von Seite 51) auf! Die Brillen sollten Sie etwas vergrößern!

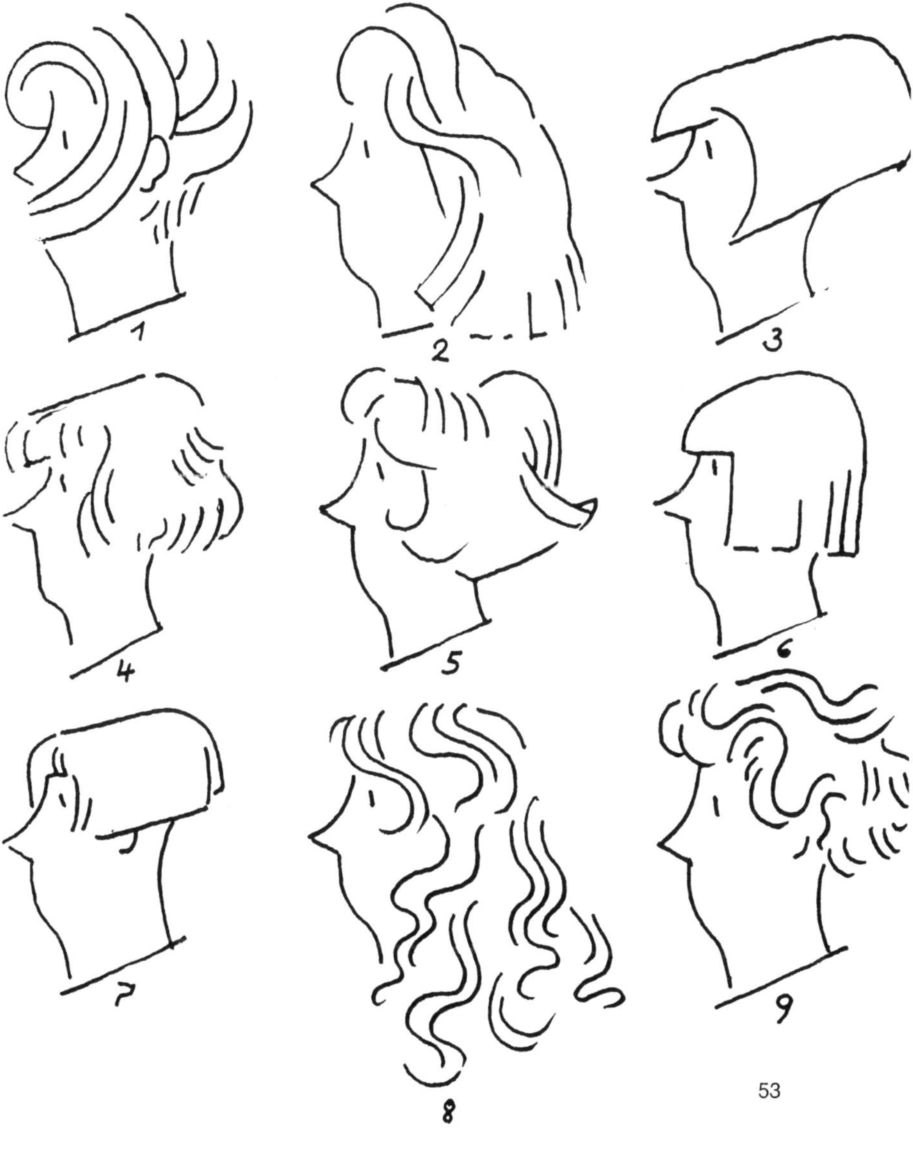
1
2
3
4
5
6
7
8
9

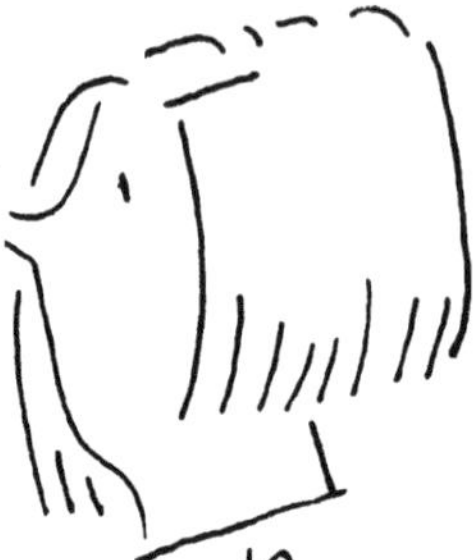

10

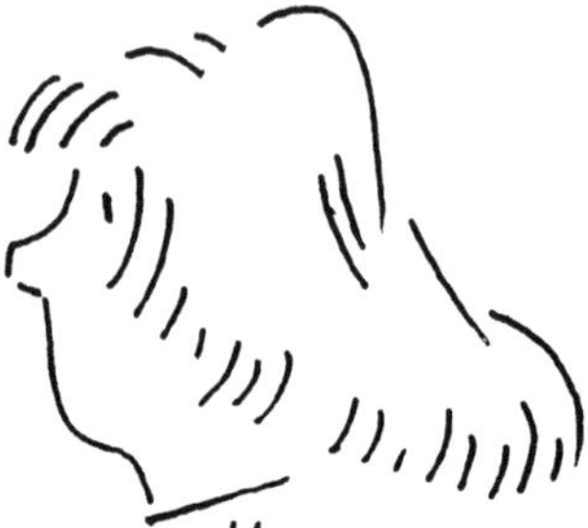

11

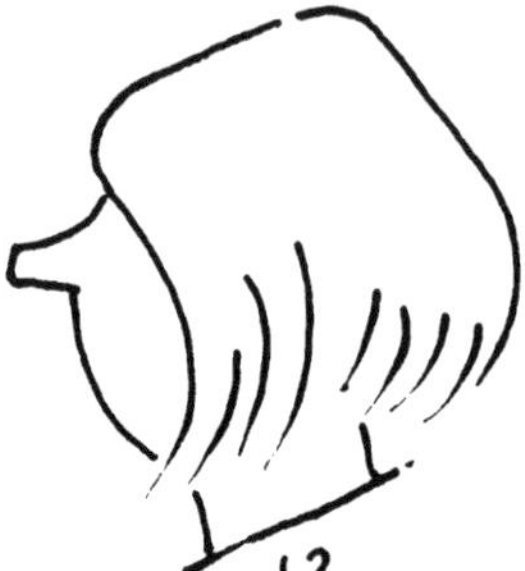

12

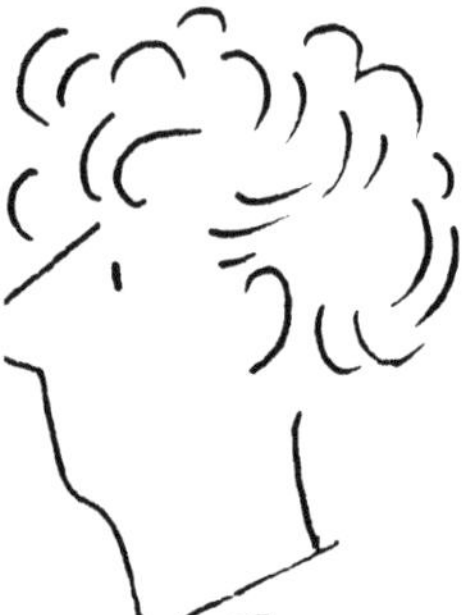

13

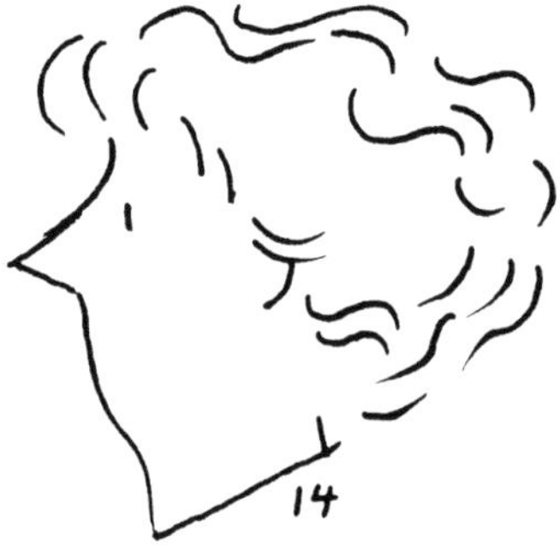

14

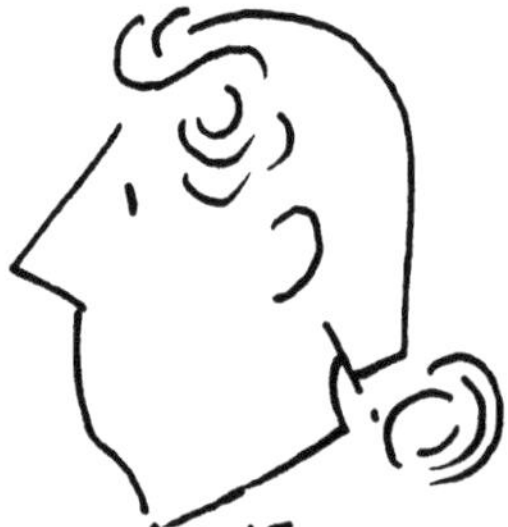

15

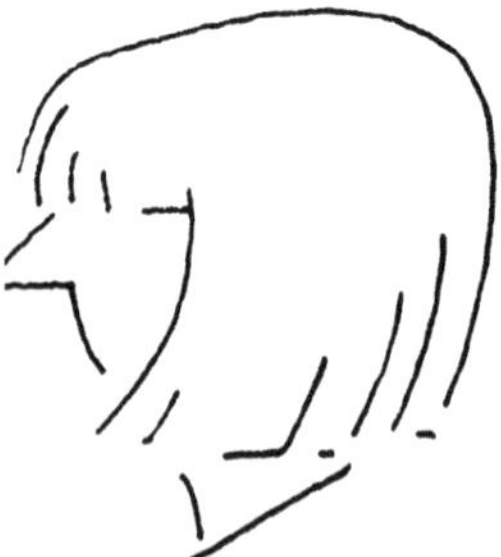

16

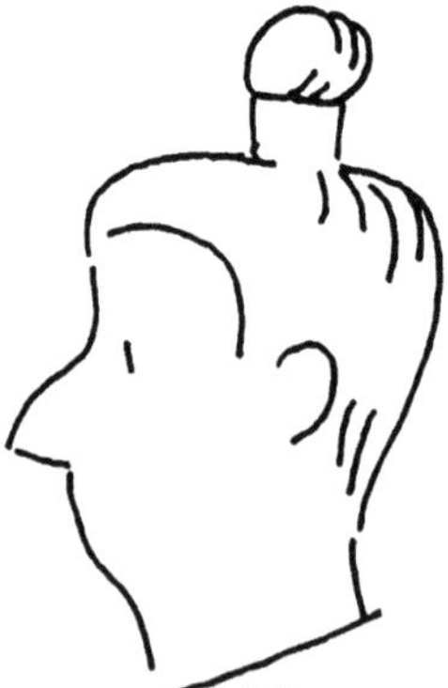

17

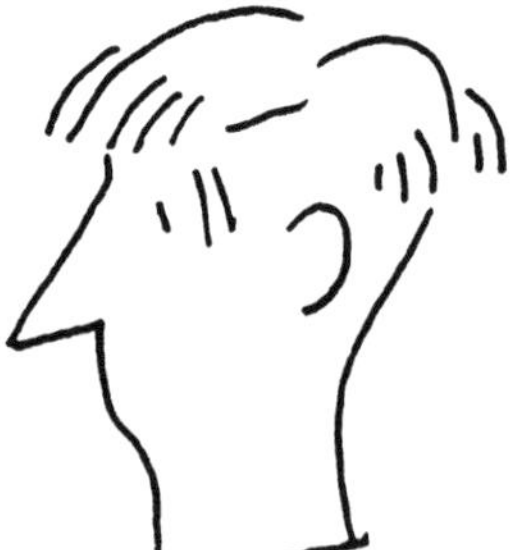

18

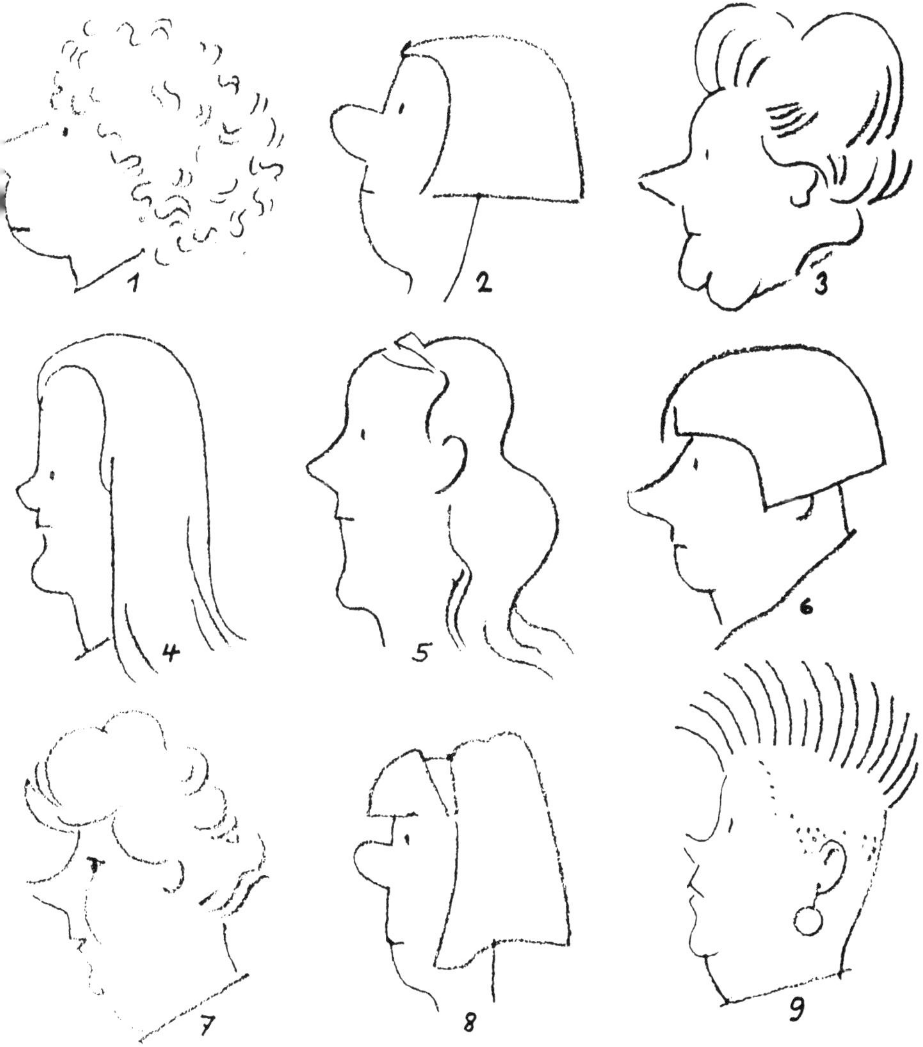
1
2
3
4
5
6
7
8
9

Aufgabe: Kopieren Sie die Köpfe von Seite 57, lassen Sie dabei die Linie zwischen Nasenansatz und Kragenansatz weg. Ersetzen Sie die weggelassenen Linien mit entsprechenden Details von den Seiten 45, 47 und 49!

Aufgabe: Nachdem Sie diese Profilköpfe betrachtet haben, halten Sie, die anderen Seiten des Buches zurückschlagend, dieses Blatt so gegen das Sonnenlicht (oder helles Lampenlicht), daß Sie durch das Papier hindurch die Bärte der Rückseite auch sehen! Dann legen Sie das Buch hin und zeichnen mit einem Bleistift (2B oder 3B) auf dieser Seite Bärte nach ihrer Vorstellung in die Profilköpfe hinein und auf der nächsten Seite zeichnen Sie zu den Bärten Profilköpfe dazu!

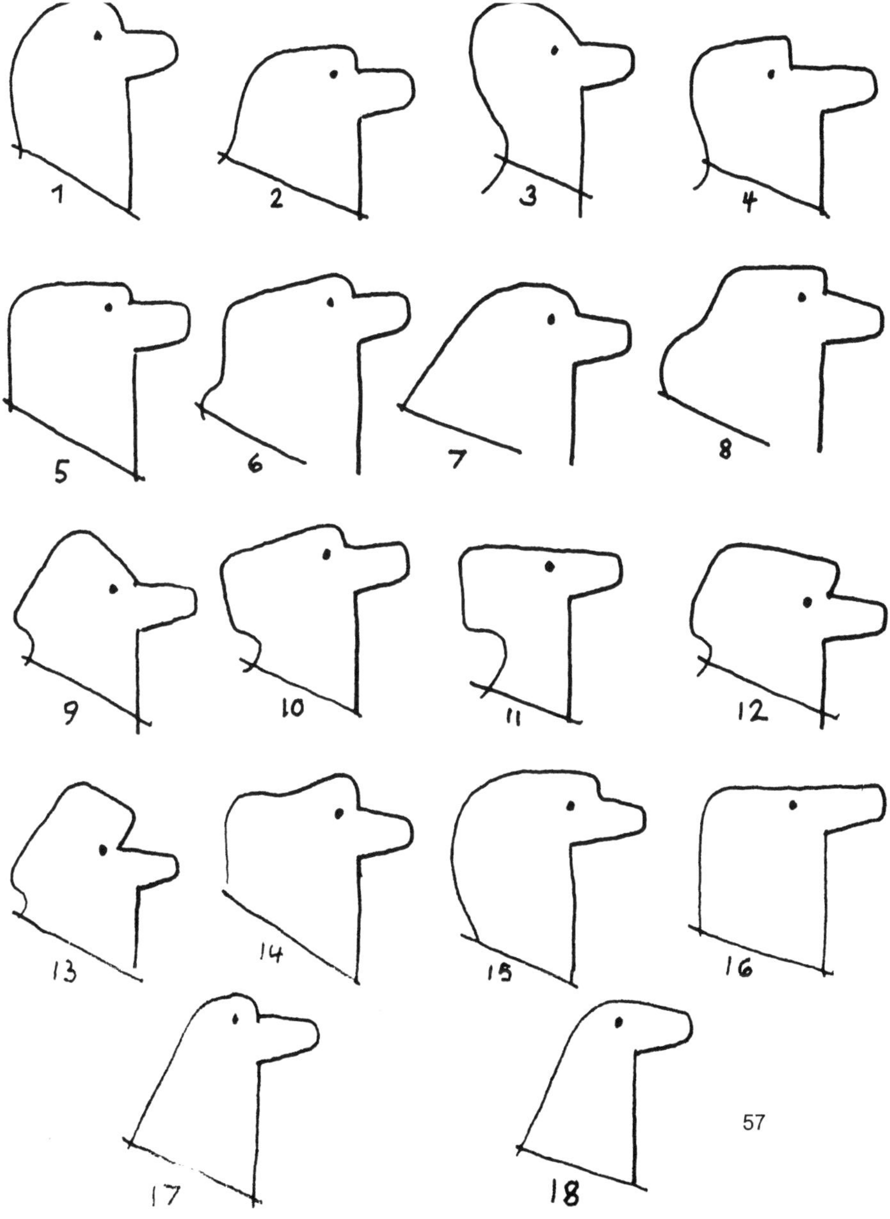
1
2
3
4
5
6
7
8
9
10
11
12
13
14
15
16
17
18

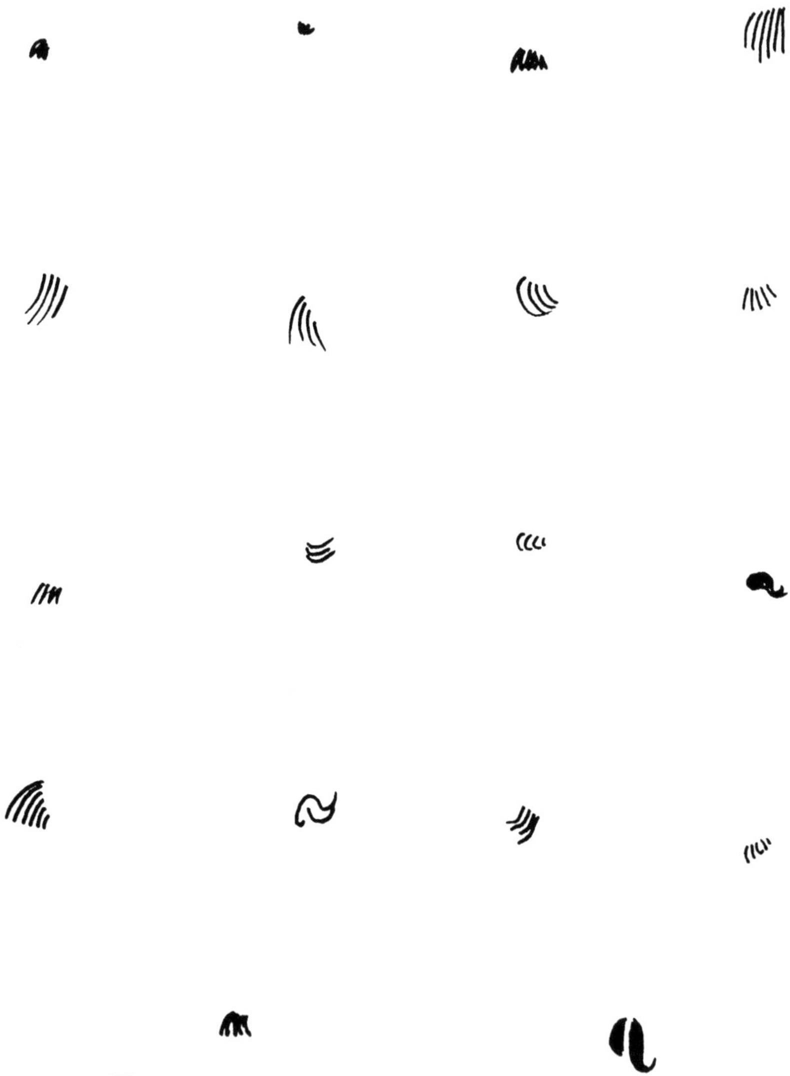

KOPFFORMEN VON VORNE

Auf den Seiten 60, 61 und 62 sind verschiedene Münder von vorne abgebildet. Kopieren Sie diese Münder über Transparentpapier und machen Sie mit Kopfformen von den Seiten 63 und 64 und Nasen von den Seiten 65 und 66 und Augen von Seite 64 Cartoontypen daraus.

Als weitere Aufgabe können Sie die Köpfe von Seite 63 und 64 auf Transparentpapier durchpausen und mit passenden Nasen, Augen, Augenbrauen, Stirnfransen, Ponys, Ohren, Ohrläppchen, Halsansatz, Pullover, Kragen ergänzen. Legen Sie, wenn Sie sich noch unsicher fühlen, ihre Pausen auf Seite 67 und pausen Sie von dort die Augen durch. Wenn Ihnen die Augenabstände dieser Vorlagen zu gering sind, so pausen Sie die Augen einzeln durch, indem Sie das Blatt jeweils verschieben. Die Zeichnungen 19 und 20 auf Seite 62 geben in etwa die Augenhöhe an. Weitere Möglichkeiten zum Zeichnen von Augen können Sie der Seite 67 entnehmen. Diese Vorlagen müssen Sie jedoch vergrößern!

Wenn Ihnen die Frisuren von Seite 62 zu langweilig sind, so pausen Sie einfach mal die Köpfe ohne Frisuren durch mit den Mündern und pausen Sie zur Ergänzung passende Frisuren von Seite 68 dazu.

Seite 64 zeigt schmalere Kopfformen mit Augen. Ergänzen Sie diese Gesichter mit passenden Nasen von den Seiten 65 und 66, Mündern von den Seiten 60, 61 und 62, mit passenden Frisuren von Seite 68. Bitte achten Sie darauf, daß Sie bei der Übernahme dieser Vorlagen manche Münder und Nasen verkleinern oder schmaler machen müssen. Die obere Reihe (Spalte 64) zeigt, welche Änderungen des Ausdrucks entstehen, wenn die Höhe der Augen im Kopf, ihr Abstand von einander und der Abstand von der Nase verändert werden. So ergibt das tiefsitzende Gesicht (Abb. 5) einen jugendlichen Ausdruck. Der geringe Abstand zwischen Mund und Nase (Abb. 1) bringt, kombiniert mit einem großen Abstand der Augen voneinander, einen milden Ausdruck. Auch hier können Sie auf Einzelheiten der „Galerie" zurückgreifen.

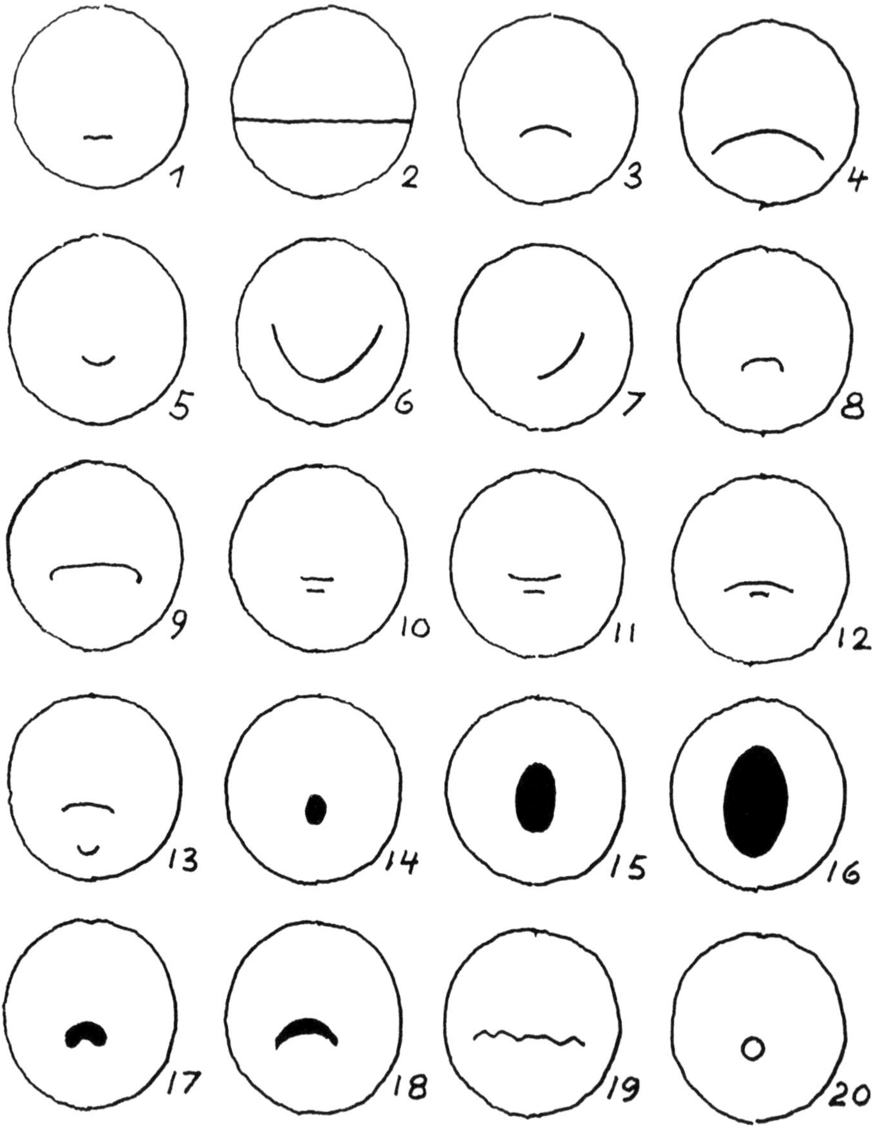
1
2
3
4
5
6
7
8
9
10
11
12
13
14
15
16
17
18
19
20

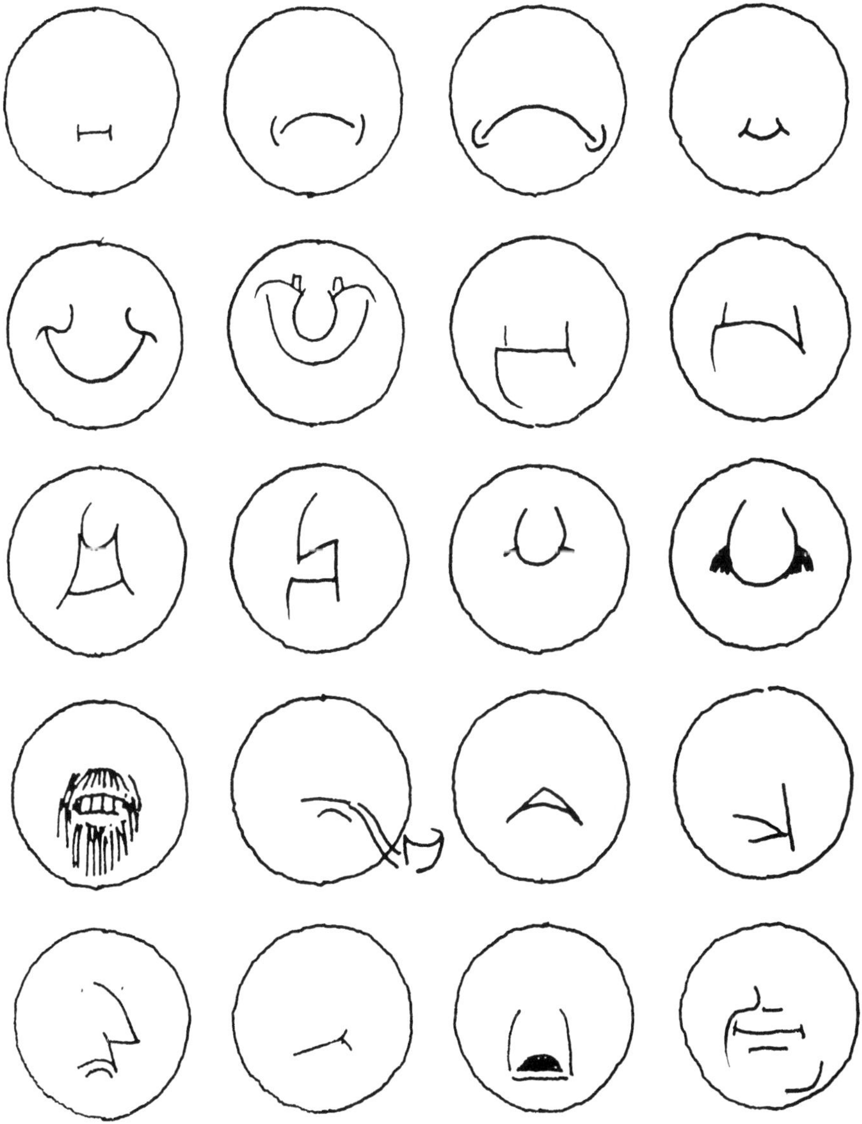

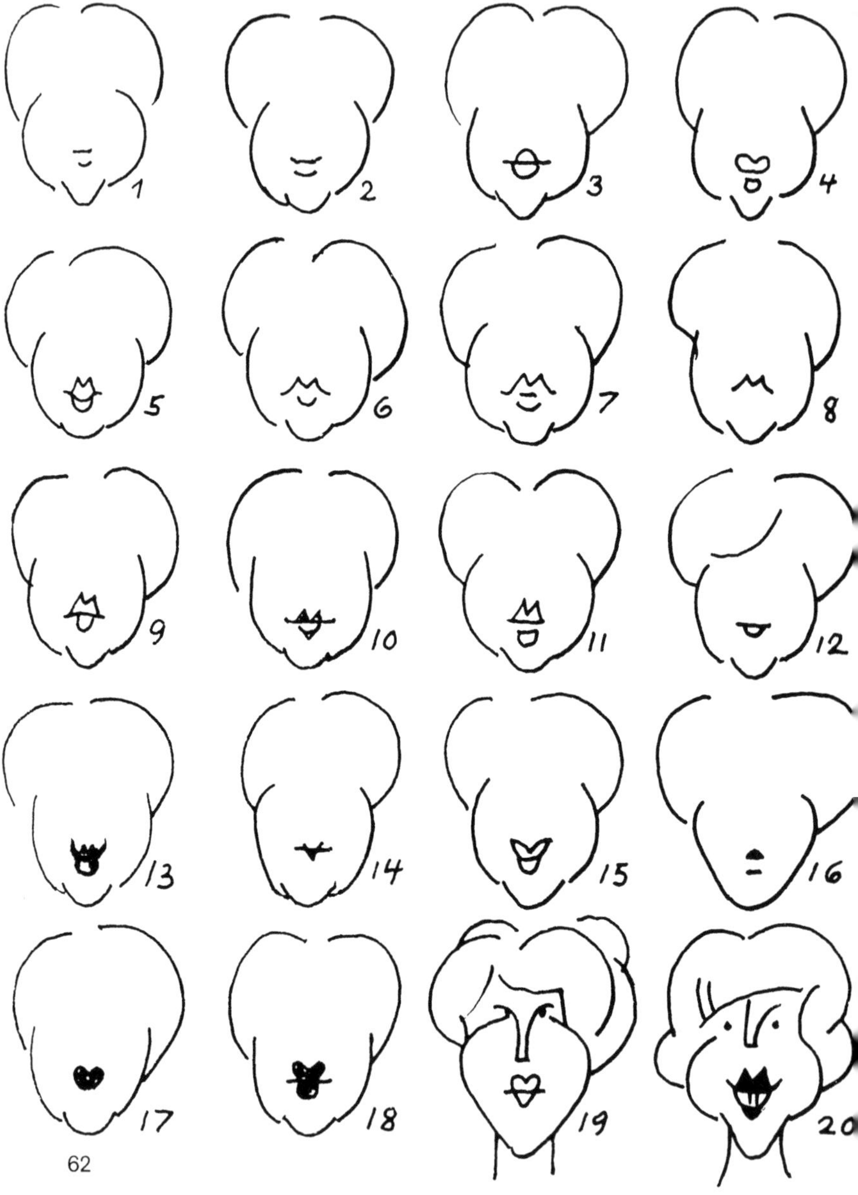
1
2
3
4
5
6
7
8
9
10
11
12
13
14
15
16
17
18
19
20

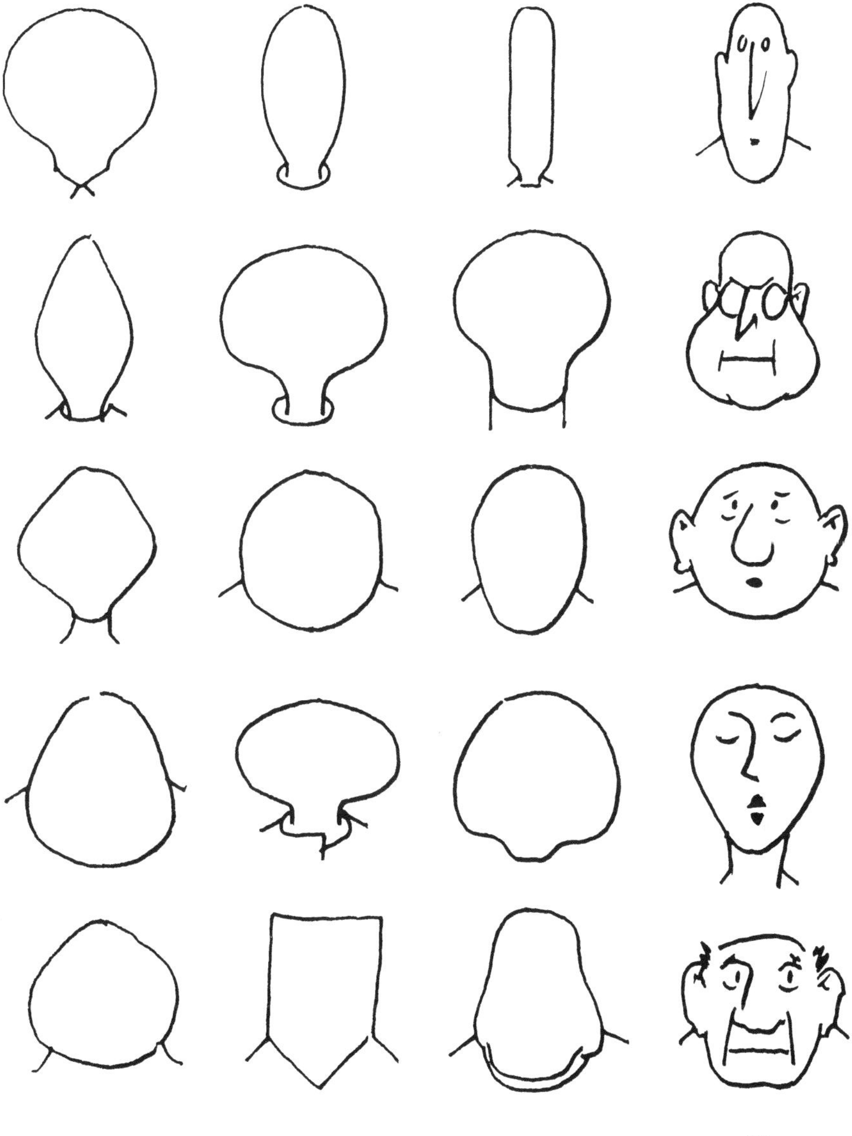

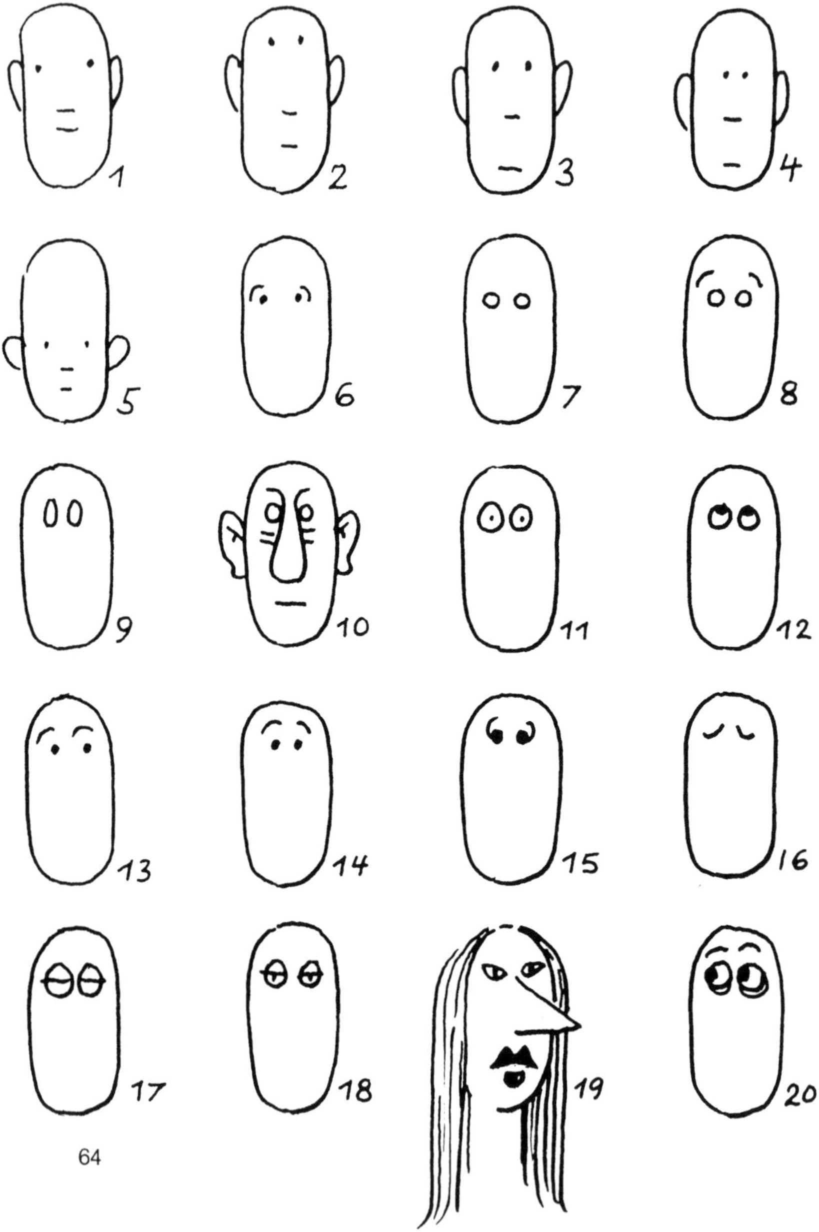
1
2
3
4
5
6
7
8
9
10
11
12
13
14
15
16
17
18
19
20

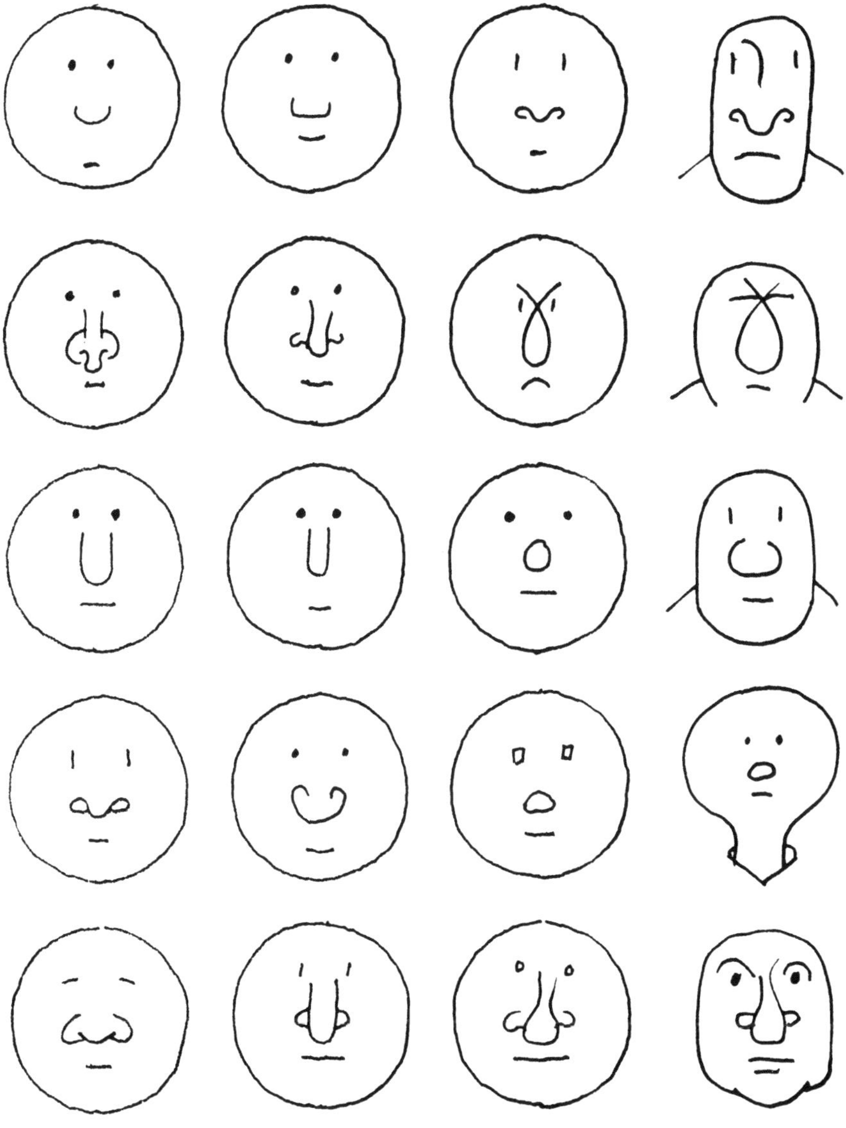

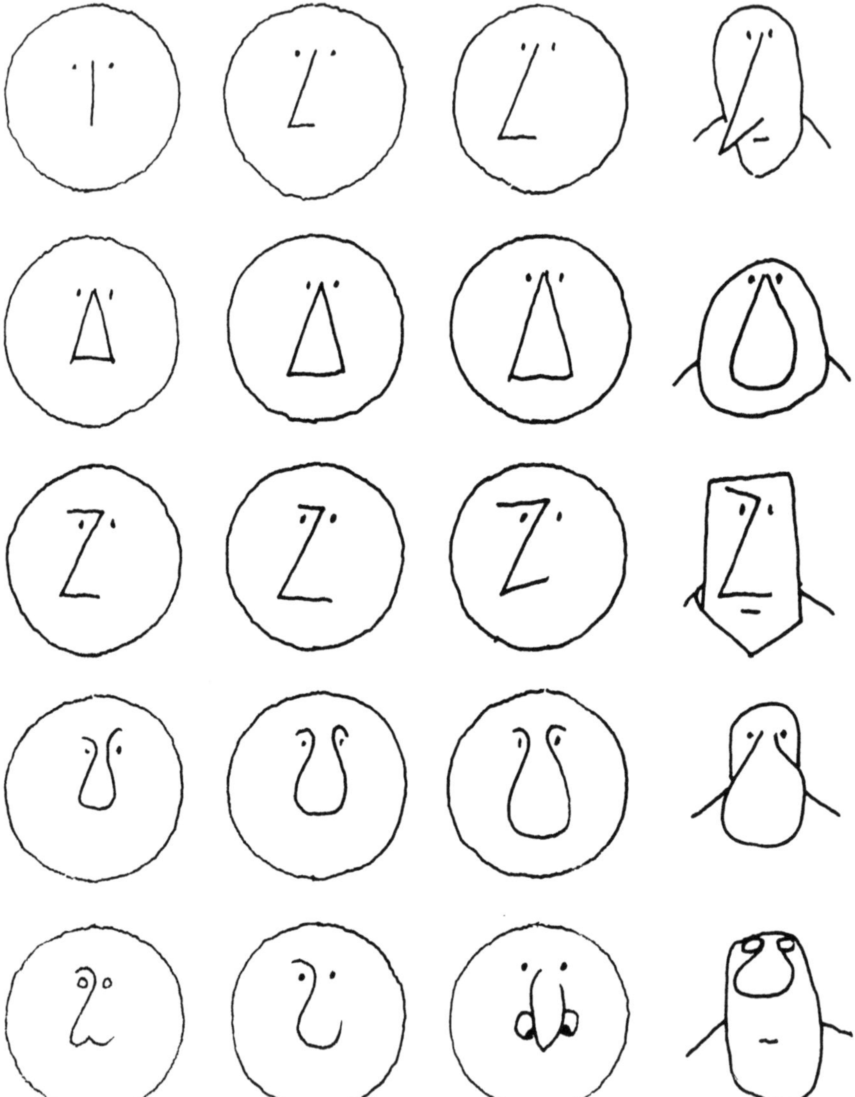

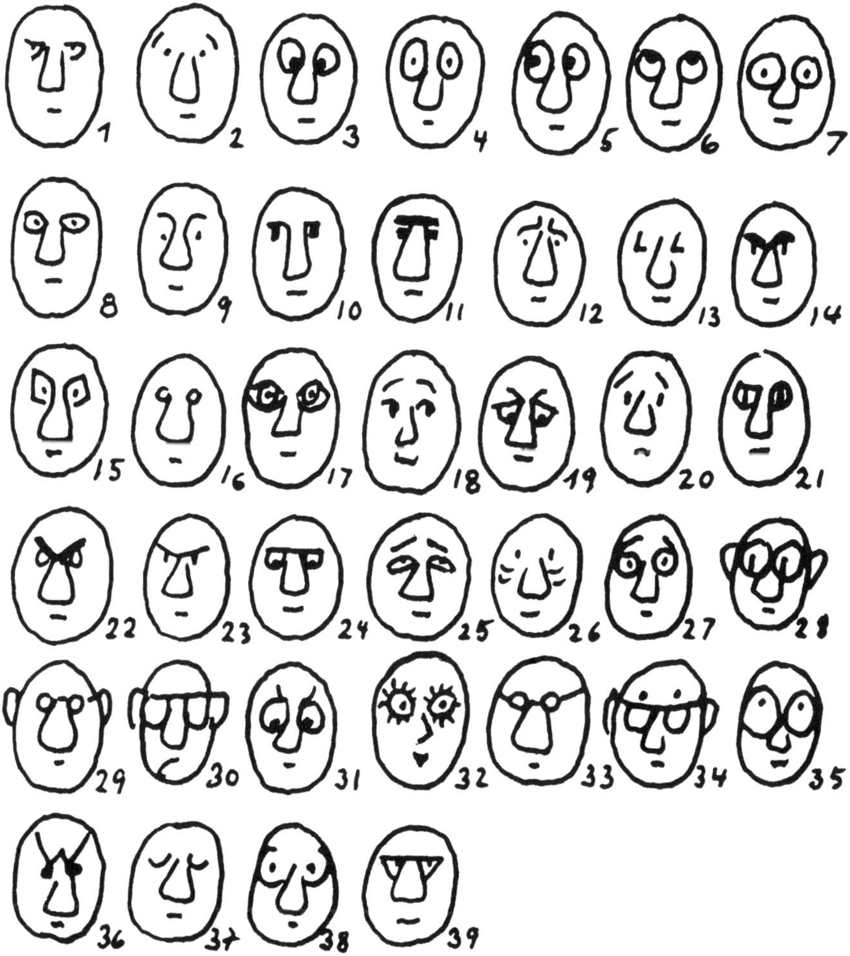
1
2
3
4
5
6
7
8
9
10
11
12
13
14
15
16
17
18
19
20
21
22
23
24
25
26
27
28
29
30
31
32
33
34
35
36
37
38
39

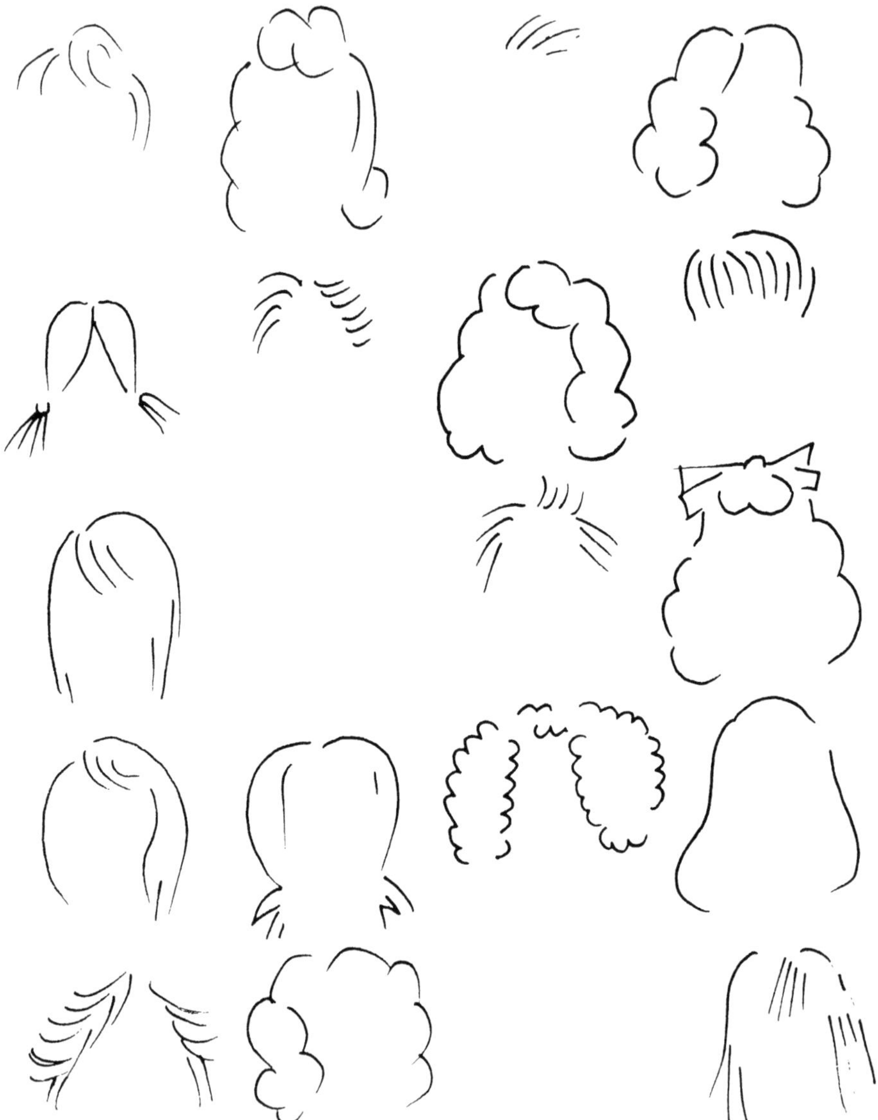

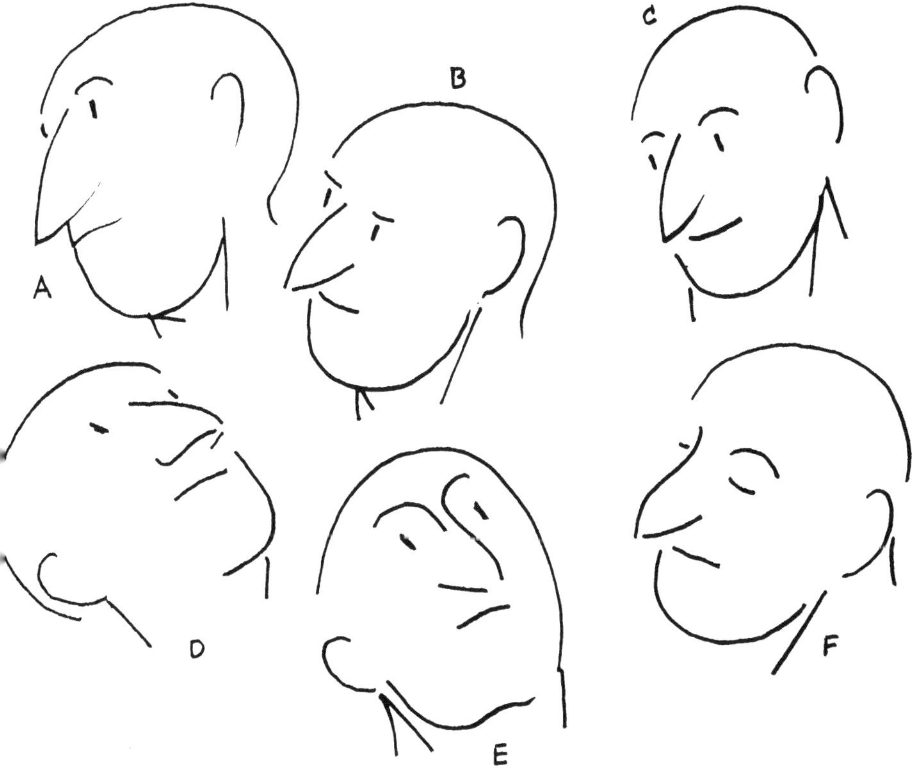

KÖPFE AUS VERSCHIEDENEN BLICKWINKELN

Die sechs „Kahlköpfe" sind aus verschiedenen Blickwinkeln gesehen. Beachten Sie jeweils die Stellung des Ohres! Neigt sich der Kopf nach vorn, liegt das Ohr höher als die Augen (C). Beugt sich der Kopf nach hinten, liegt das Ohr tiefer als die Augen (D, E).

Aufgabe: Kopieren Sie die Köpfe mit größerem Abstand voneinander, sparen aber dabei Augenbrauen, Augenpunkte, Nase und Mundstrich aus. Ersetzen Sie dann diese durch andere Darstellungsformen. Setzen Sie dann diesen „Kahlköpfen" Frisuren auf!

VOM PROFIL ZUR RÄUMLICHKEIT

Das frontale Gesicht (en face) wird in der Cartoonzeichnung weniger benutzt als die Seitenansicht (Profil) oder das Halbprofil. Sehr leicht läßt sich ein Profil zur Räumlichkeit des Halbprofils erweitern. Obere Reihe: 1 = Profil, erster Schritt: Verlängerung der unteren Nasenlinie zum Kopf hin und Hinzufügung des zweiten Auges (2). Zweiter Schritt: Verbindung von Kragenansatz bis zum oberen Ende des Profils mit einer Bogenlinie (3). Dritter Schritt: Einfügung von Ohr, Hinterkopf und Hals (4). Vierter Schritt: Verlängerung der Mundlinie nach vorne (5). Natürlich kann man, wenn man sich an der Senkrechten zwischen Nase und Kragen stört, diese dann ausradieren.

Aufgabe: Trainieren Sie dieses Vorgehen mit anderen Augen, Nasen, Mündern und anderen Schädelformen!

Selbstverständlich können Sie auch andersherum beginnen. Sie zeichnen zuerst den Kopf (6), dann zeichnen Sie ein Profil hinein wie bei 7 und 8. Räumlichkeit entsteht immer, wenn die Nase in das Profil hineingezogen wird (2), das Auge von der Nase überschnitten wird (2, 8) und die Nase die Gesichtshälfte, die vom Betrachter weiter entfernt ist, überschneidet.

Manche Cartoonisten zeichnen einfach zwei Augen in das Profil hinein, obwohl man nur ein Auge sehen kann. Diese Zeichenweise hat weder Picasso noch ein anderer Künstler des 20. Jahrhunderts erfunden. Die Künstler und Cartoonisten haben sie von der Kinderzeichnung gelernt. Bereits 1884 läßt Wilhelm Busch in der Bildergeschichte „Maler Klecksel" die Titelfigur als Kind so zeichnen. Wie das heute aussehen kann, zeigen die Zeichnungen 9 – 12. Die Zeichnungen 13 – 16 stehen als Beispiele für Köpfe in Profilansicht, bei denen der Mund nicht mehr in das Profil eingebunden ist, sondern frei im unteren Bereich der Wange schwebt. Die Zeichnungen 17 – 20 zeigen die gleiche Anordnung wie die vorhergehende Reihe. Zusätzlich wird hier noch einmal der Wechsel des Ausdrucks bei verschiedenen Nase-Mund-Abständen vorgeführt.

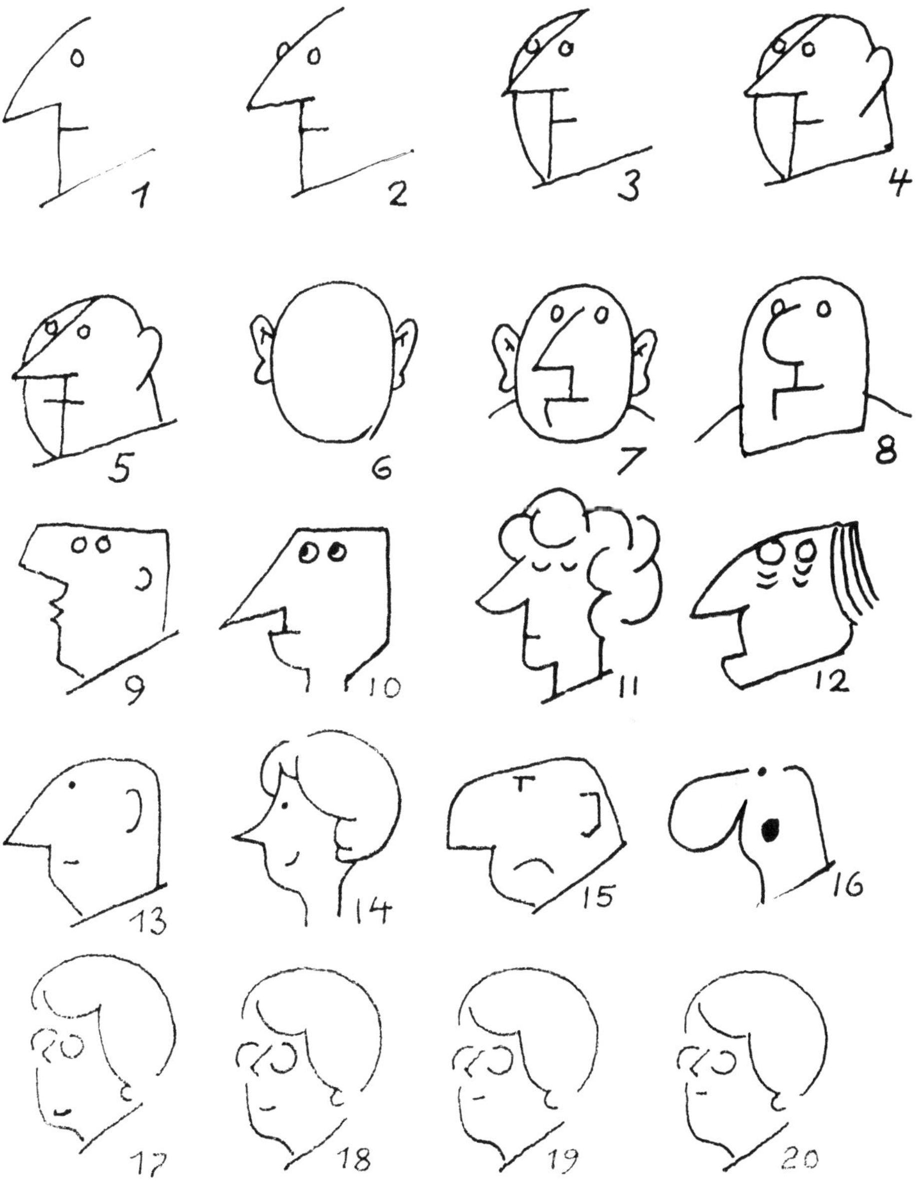
1
2
3
4
5
6
7
8
9
10
11
12
13
14
15
16
17
18
19
20

HÄNDE

Für den Anfänger ist es zum Glück so, daß heute auf die gute Darstellung von Händen kein großer Wert mehr gelegt wird. Wer es sich noch nicht zutraut, Hände zu zeichnen und er hat eine gute Pointe, so lasse er die Hände in den Hosentaschen seiner Figuren verschwinden, wenn es die Situation erlaubt. Eine kleine nach unten verlaufende Bogenlinie kann dann als Ausbeulung dienen. Sie weist darauf hin, daß die Hand in der Hosentasche steckt. Sieht man von der Seite auf Arm und Ärmel einer Figur, so kann das Ärmelende den ganzen Handrücken verstecken.

Wenn Sie Hände in kleinem Format darstellen, so können Sie die Fingernägel weglassen.

Aufgabe: Umfassen Sie zylinderförmige Gegenstände verschiedenen Durchmessers mit ihrer Hand und beobachten Sie im Spiegel, wie sich bei zunehmendem Durchmesser der Winkel des Zeigefingers zu den anderen Fingern verändert. Je dicker der Gegenstand, um so mehr nähert sich das erste Glied des Zeigefingers der Ebene des Handrückens. Das hängt mit seiner Kürze und der Tatsache zusammen, daß er im Handrücken tiefer ansetzt als der Mittelfinger.

Aufgabe: Zeichnen Sie von den Seiten der Handstellungen die Darstellungen ab, auf denen Sie diese Veränderung wiedergegeben finden!

Wenn Sie sich intensiver mit Handdarstellungen beschäftigen wollen, so empfehle ich Ihnen folgendes:

Kaufen Sie sich ein Paar Gummihandschuhe und Blumendraht. Dann ziehen Sie den einen Handschuh an, ballen mit der Hand eine Faust, tragen mit Filzstift die Gelenkpunkte auf diesen Gummihandschuh auf. Dann ziehen Sie sich den Handschuh aus und basteln sich aus dem Blumendraht eine „Knochenhand“. Der Vorteil bei dieser Konstruktion ist, daß Sie keine Gelenke konstruieren müssen. Dann führen Sie diese Hand in den Gummihandschuh ein. Dann können Sie die einzelnen Finger des Handschuhs an den Stellen so krümmen, wie Sie es für richtig halten. Ihre eigene Hand dient Ihnen als Kontrolle. Das Ergebnis Ihrer Arbeit wird ein Modell für ihre Cartoonhände sein.

Erwerben Sie Band 3 dieser Studiobücher (Wie zeichne ich Hände?)!

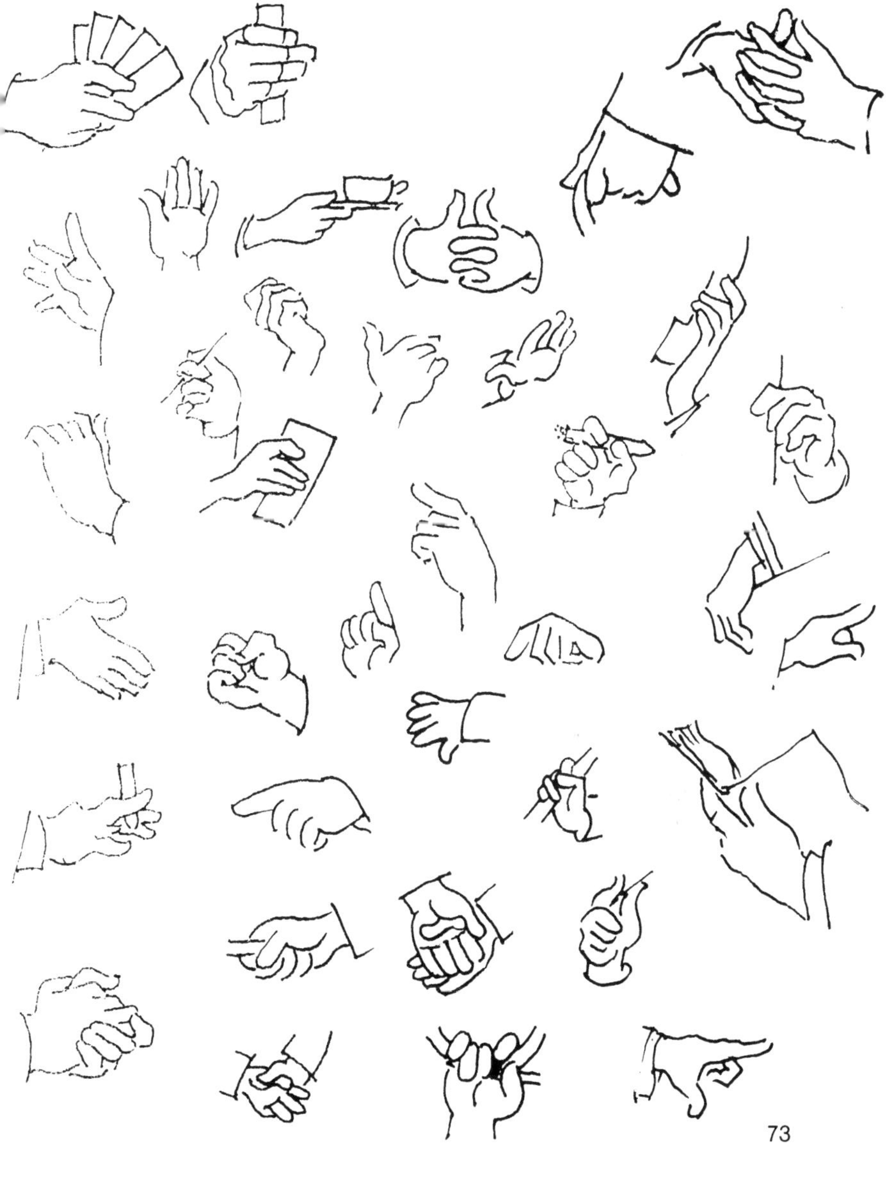

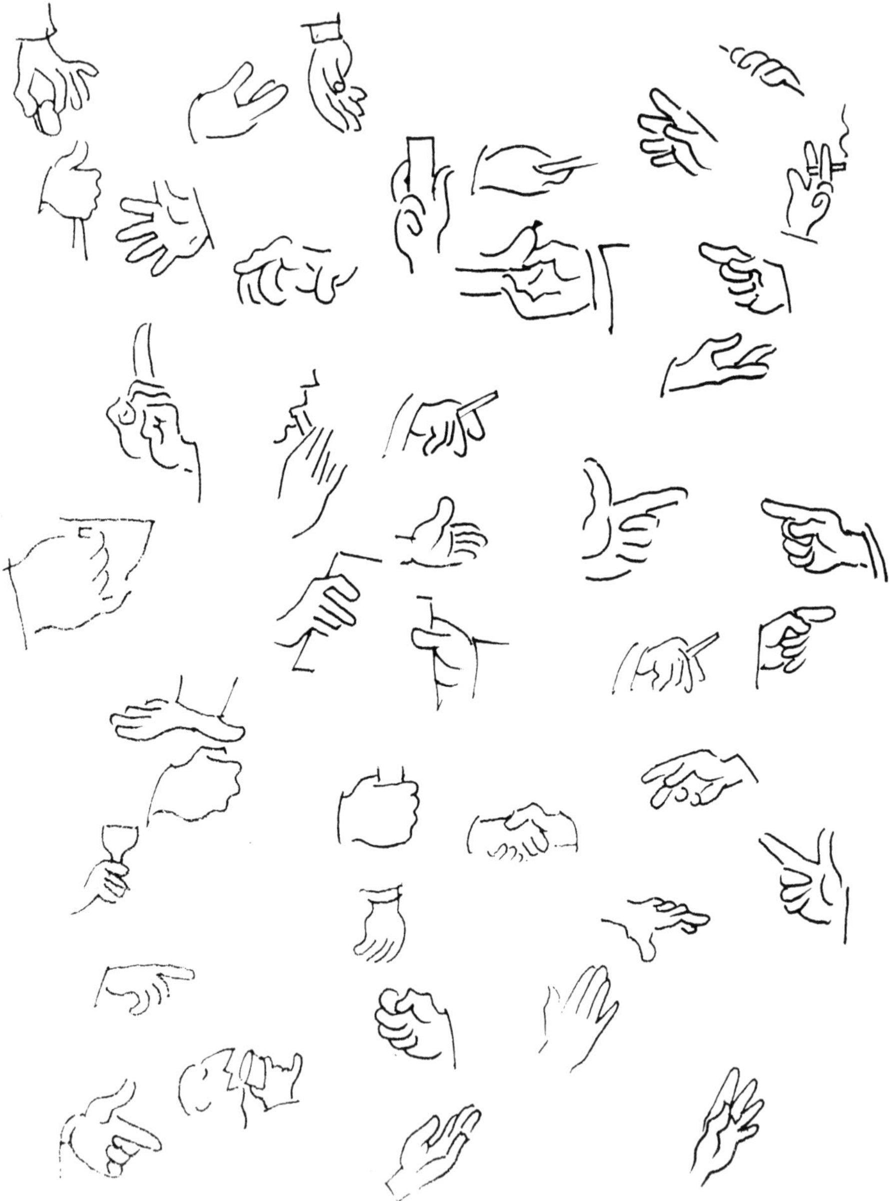

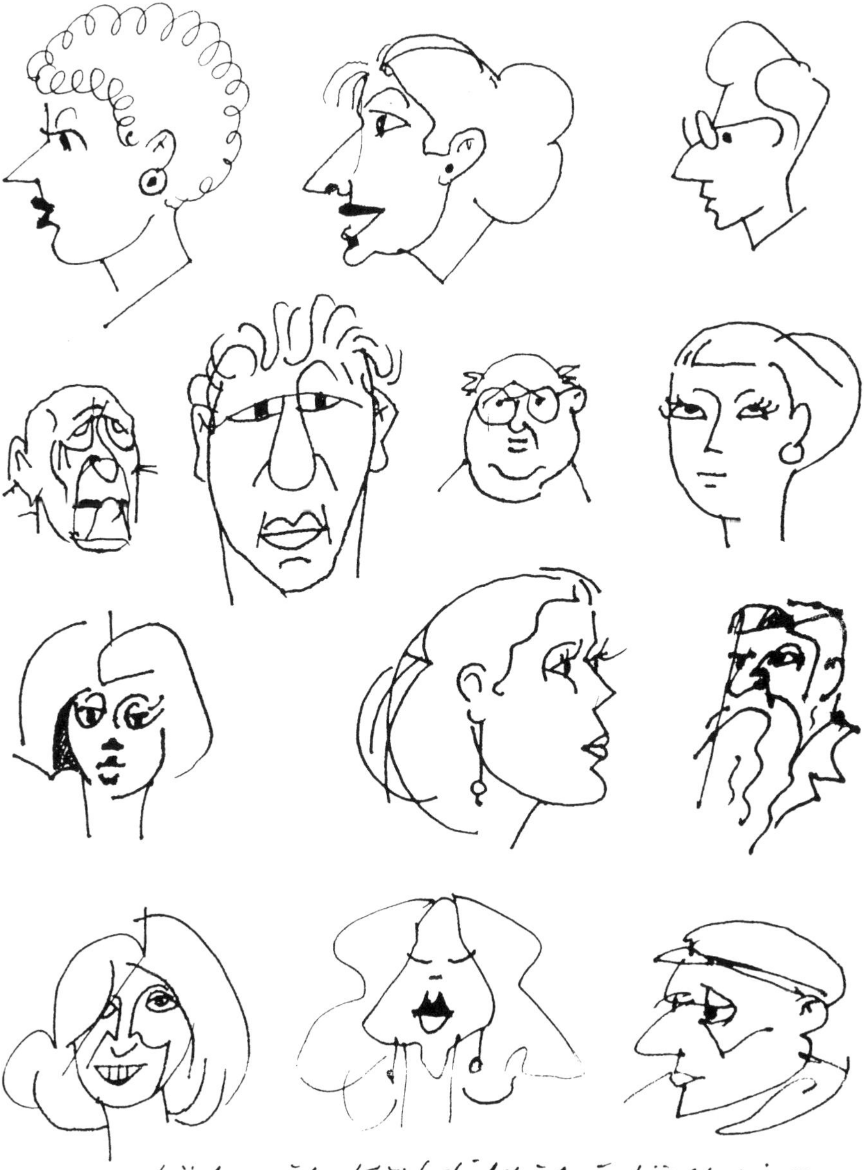

Köpfe auf Kupfertiefdruck u. Löschpapier

DER GESICHTSAUSDRUCK

Die zwanzig Kopfdarstellungen auf der nebenstehenden Seite geben verschiedene Stimmungen wieder.

Erste Reihe: 1, 3, 4 = Staunen, Erstaunen, überrascht sein. Augen sind weit aufgesperrt, die Augenbrauen sitzen hoch über den Augen, aufgerissener Mund. 2 = erschreckendes Erstaunen. Von der Nase ausgehende Wangenfalten begleiten den weit geöffneten Mund.

Zweite Reihe: 5, 6, 7 = Kummer und Trauer. Augenlider fallen zur Schläfe hin ab. Der Mundbogen verläuft zu den Enden (Mundwinkeln) hin nach unten. Wangenfalten zum Mund hin können den Ausdruck steigern. Nach unten verlaufende Tränensäcke tragen zur Charakterisierung bei (7). Ein nach unten verlaufender Mund, in das Profil verlegt (8) kann, mit einer Wangenfalte gekoppelt, für Arroganz und Hochmut eingesetzt werden.

Dritte Reihe: 9, 10, 12 = Bei Verärgerung, Wut und Zorn verbinden sich senkrechte Augenstriche mit geraden zur Nase hin schräg nach unten hin verlaufenden Augenbrauen. Horizontale Stirnfalten können mit den Augenbrauen in einer Richtung verlaufen. Zorniges Anbrüllen (11) mit weit geöffnetem Mund. Man sieht in der schwarzen Mundhöhle die weiß ausgesparte Zunge. Auf der Zeichnung sind auch senkrechte Zornesfalten zu sehen.

Bitte zeichnen Sie nicht waagerechte und senkrechte Stirnfalten in gleichem Abstand und gleicher Strichstärke. Die so gezeichneten Falten ergeben eine „karierte“ statt einer zornigen Stirn.

Vierte Reihe: Die vier Köpfe stehen für Heiterkeit. Hier gibt es vom Schmunzeln mit geschlossenen Mund bis zum breiten Lachen mit offenem Mund viele Zwischenstufen. Auf Zeichnung 15 werden die gebogenen kleinen Augenstriche durch die beim Lachen sich nach oben drängenden Wangen geformt.

Fünfte Reihe: 17 = Bosheit. Senkrechte Stirnfalte, betont umrahmte dicke Augenpunkte werden durch sich zur Nase hin senkende starke Augenbrauen halb verdeckt. Tränensäcke, spitze Nase, betontes Kinn. 18 = Hochmut. Bogenförmig nach oben verlaufende Stirnfalten, Augenlider ergeben große Bögen. Wangenfalte greift in den Nasenflügel und ist relativ kurz. Der Mund ist nach unten gezogen. Ausdrucksähnlichkeit mit 8.

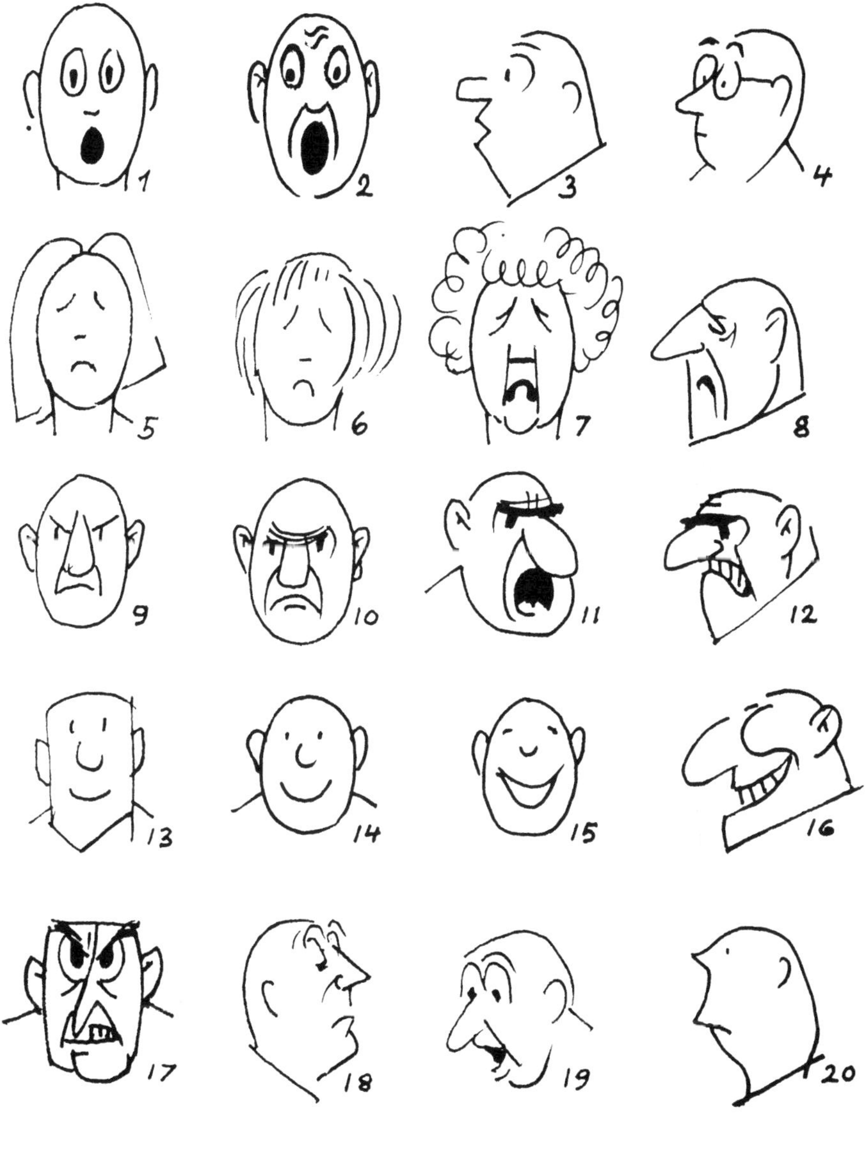
1
2
3
4
5
6
7
8
9
10
11
12
13
14
15
16
17
18
19
20

DIE ALTEN

Die Lebenswelt der Gegenwart zeigt uns den alten Menschen anders als noch vor 60 Jahren. Die Großväter und Großmütter haben ein jüngeres Aussehen. Sie haben an Leibesfülle gewonnen. Wenn wir die Darstellungen von Großmüttern der französischen Zeichnerin Claire Bretécher betrachten, so stellen wir fest, daß der Unterschied zwischen alt und jung mehr in der Leibesfülle, in der Kleidung, in der Frisur, im Schmuck und in der Körperhaltung seinen Ausdruck findet.

Es folgt eine Gegenüberstellung:

	Großmutter	Erwachsene Tochter
Figur	zu Dicke neigend	schlank
Kleidung	elegant	lässig
Frisur	streng, aufgedonnert	ausgefallen, lang oder kurz
Schmuck	echt, viel	modisch, wenig
Körperhaltung	steif	lässig

Bitte stoßen Sie sich nicht an dieser groben Vereinfachung. Es gibt auch umgekehrt progressive „Alte“ und konservative „Junge“. Das Wichtigste ist: Wenn Sie die Absicht haben, auf einer Zeichnung zwei Figuren (in diesem Fall Mutter und Tochter) einander gegenüberzustellen, so sollte der Dialog oder die jeweilige Meinungsäußerung durch eine entsprechende Darstellung der Figuren nicht nur gerechtfertigt, sondern optisch gesteigert werden. Auf den Seiten 53, 54 und 55 finden Sie 27 Frauenprofile mit verschiedenen Frisuren. Die Köpfe auf S. 54 und S. 55 haben verschiedene Profile, die Profile auf S. 53 sind gleich.

Aufgabe: Wählen Sie ein Profil von S. 54 oder S. 55 aus, kopieren Sie es 26 mal (ohne Frisur) auf einen oder zwei Bögen DIN A 4 Transparentpapier und dann schieben Sie ihr Blatt so über die anderen Profile, daß Sie jeweils eine andere Frisur kopieren können. Sie gewinnen dann ein Profil mit 26 Frisuren. Wenn Sie alle 9 Profile von S. 55 so durcharbeiten, bekommen Sie 234 verschiedene Köpfe (= Profil mit Frisur).

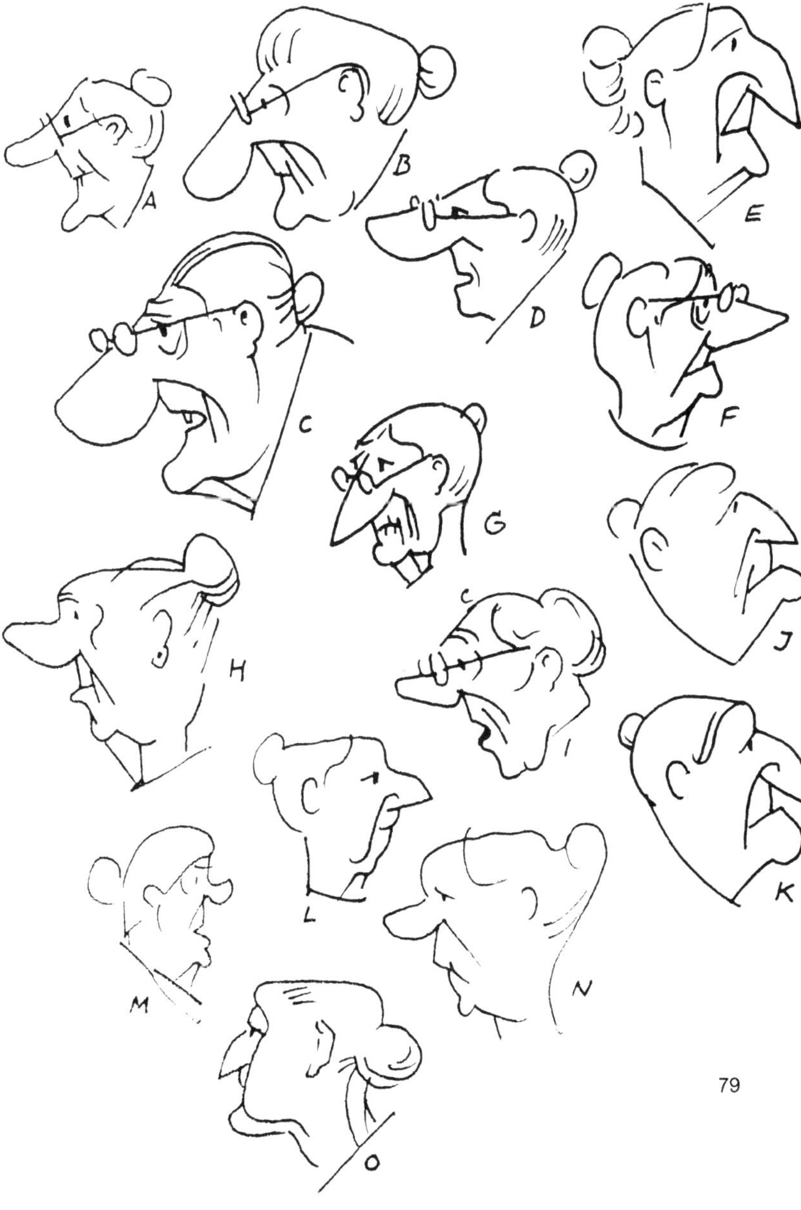
A
B
E
D
C
F
G
J
H
I
K
L
M
N
O

Obwohl bei alten Menschen charakteristische Merkmale von selbst hervortreten, sollten sie übertrieben dargestellt werden.
Beachten Sie bitte die ganzfigurigen Darstellungen 32, 33, 34, 35, 35 auf S. 81.
Es sind im einzelnen folgende Faktoren aufzuzählen:

a) Die Füße stehen in relativ großem Abstand parallel zueinander. Damit wird die Unsicherheit des Standes ausgedrückt.
b) Die Schrittspanne ist gering (33).
c) Die Beine sind dünn und knochig, die Schuhe im Verhältnis dazu groß.
d) Ober- und Unterschenkel bilden einen Winkel (= krumme Knie).
e) Stock oder Krücke sichern den Stand.
f) Der Körper ist nach vorne gebeugt.
g) Der Rücken ist krumm.
h) Der Kopf sitzt mehr vor als auf dem Körper. Von vorne gesehen sitzt der Kopf so tief, daß die Ohrläppchen in der Höhe der Schultern liegen.

Der Kopf

Alte Menschen, Greisinnen und Greise haben einen knochigen Kopf und ein faltiges Gesicht.
Es folgen die Einzelheiten:

a) Haupthaar: Bei Frauen schütter, bei Männern meistens Glatze.
b) Stirn: Über den Augenbrauenbogen horizontale Falten, die seitlich bis zu den Schläfenflächen reichen. Von der Nase zur Stirn hin strahlenförmig verlaufende Falten, die die horizontalen Falten kreuzen.
c) Augen: eingefallen (nach hinten in die Augenhöhlen). Sie wirken klein und sich verschattet. Die oberen Lider sind von einer Hautfalte überdeckt.
d) Von den äußeren Augenrändern strahlenförmig nach außen verlaufende Falten (Krähenfüße).
e) Von den inneren Augenrändern bogenförmig nach außen verlaufende Falten (Tränensäcke).
f) Nase: spitzig, schmaler Nasenrücken, ausgeprägter Knorpel.
g) Nasenflügel: Sie sollten stark ausgeprägt dargestellt werden. Sie sind mit den Falten verbunden, die nach außen unten zum Unterkiefer hin verlaufen.

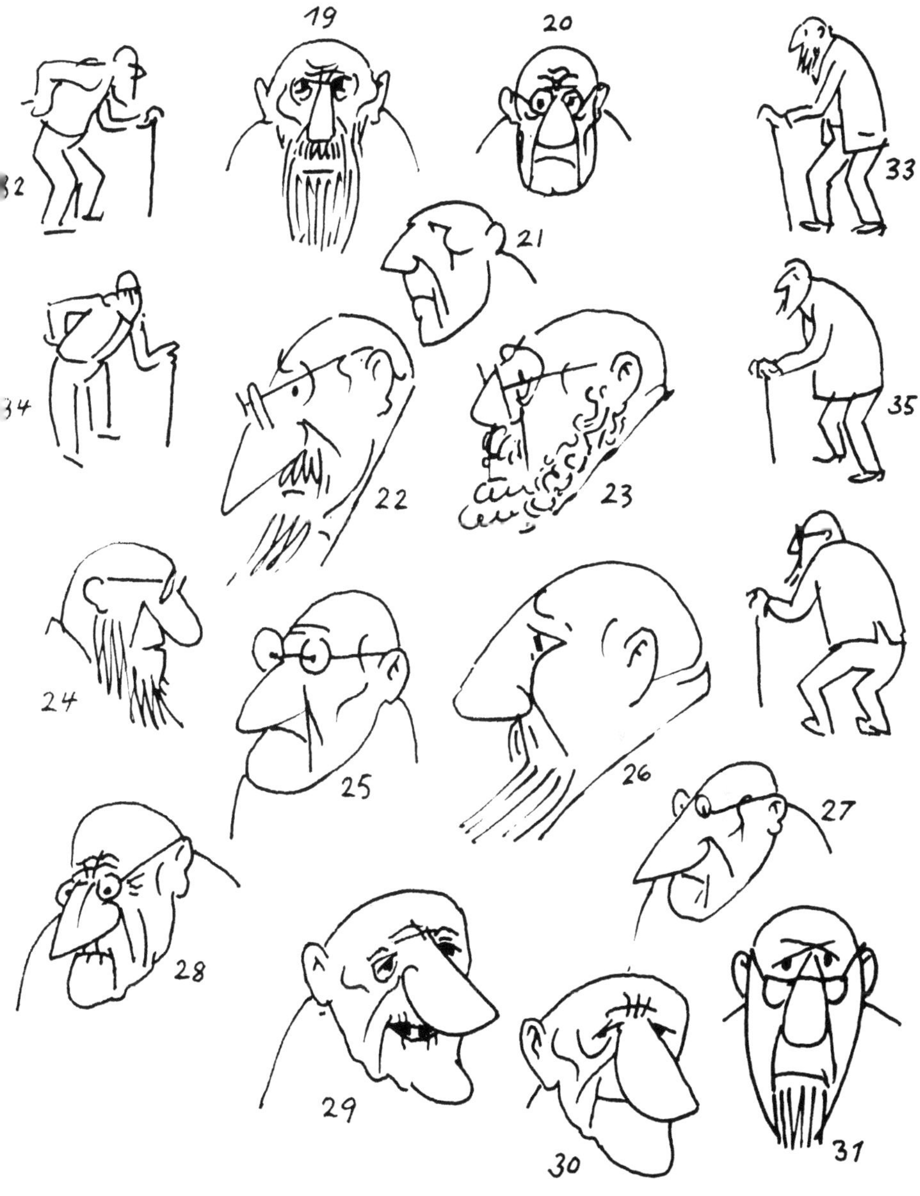

19
20
32
33
21
34
35
22
23
24
25
26
27
28
29
30
31

h) Mund: dünnlippig, Ober- und Unterlippe sind mit senkrechten Falten besetzt, die sich um die Lippen herum bis zur Sprechlinie fortsetzen. (Sprechlinie = dunkle Linie, die bei geschlossenem Mund zwischen Ober- und Unterlippe verläuft.) Zu den Mundwinkeln hin senkt sich der Mund. Von den Mundwinkeln aus verläuft eine Falte nach unten.
i) Kinn: Es tritt spitz hervor, während Ober- und Unterlippenpartie nach innen eingefallen sind (S. 83, 4, 9 u. 15).
j) Schläfe: Sie ist eingefallen. Dadurch treten Augenbrauenbogen und Jochbein hervor (S. 83, 4).
k) Hals: Da auch hier durch das Altern die Fettschichten weitgehend abgebaut sind, treten Muskelstränge hervor und der Hals ist dünner und faltig geworden (S. 83, 4, 15).

Für den Cartoon ist es natürlich nicht nötig, diese Einzelheiten in die Darstellung einzubeziehen, doch für die größere Portraitkarikatur sind sie von Bedeutung. Im folgenden werden die Darstellungen der Köpfe (S. 83) behandelt.

Z. 1 scheint auf den ersten Blick der Z. 13 zu gleichen. Es bestehen aber folgende Unterschiede. Auf Z. 1 ist das Ohr stärker vereinfacht, Z. 13 hat keine senkrechten Stirnfalten, auf Z. 1 stehen die Augenpunkte frei unter den Augenlidern und in der Mitte verzweigt sich die vom Nasenflügel ausgehende Falte. Auf Z. 13 wird der Mund von zwei kurzen Faltenstrichen begrenzt. Auf Z. 13 ist die Tränensacklinie in einem Schwung bis zur Wange durchgezogen.

Z. 2 setzt sich sehr frei über anatomische Gegebenheiten hinweg. Die Nase ist mit dem Jochbein verbunden.

Z. 3: Keine Tränensäcke, keine Krähenfüße, aber mit Brille.

Die Z. 4, 15, 17 und 18 zeigen verschiedene Profile. Nur auf Z. 4 gibt es eine Einschnürung zwischen Stirn und Nase. Beachten Sie den faltigen Hals auf Z. 4, 15 und 17.

Z. 5: sehr kleiner Mund.

Z. 6: Eine sehr offene Darstellung. Auf dieser Z. setzt sich das Gesicht aus einzelnen oft unterbrochenen Linien zusammen.

Die sich ähnelnden Z. 7 und 10 unterscheiden sich durch Rundungen (10) und Gerade (7). Auf der Z. 8 ist der äußere Brillenrand nach oben mit der Stirn-Kopf-Ecke und nach unten mit der Kinnspitze verbunden worden. Dadurch hat der Kopf mehr Volumen und Räumlichkeit gewonnen (Z. 9 = vorher, Z. 8 = nachher.

Z. 11: Manche alten Leute können den Mund nicht mehr schließen.

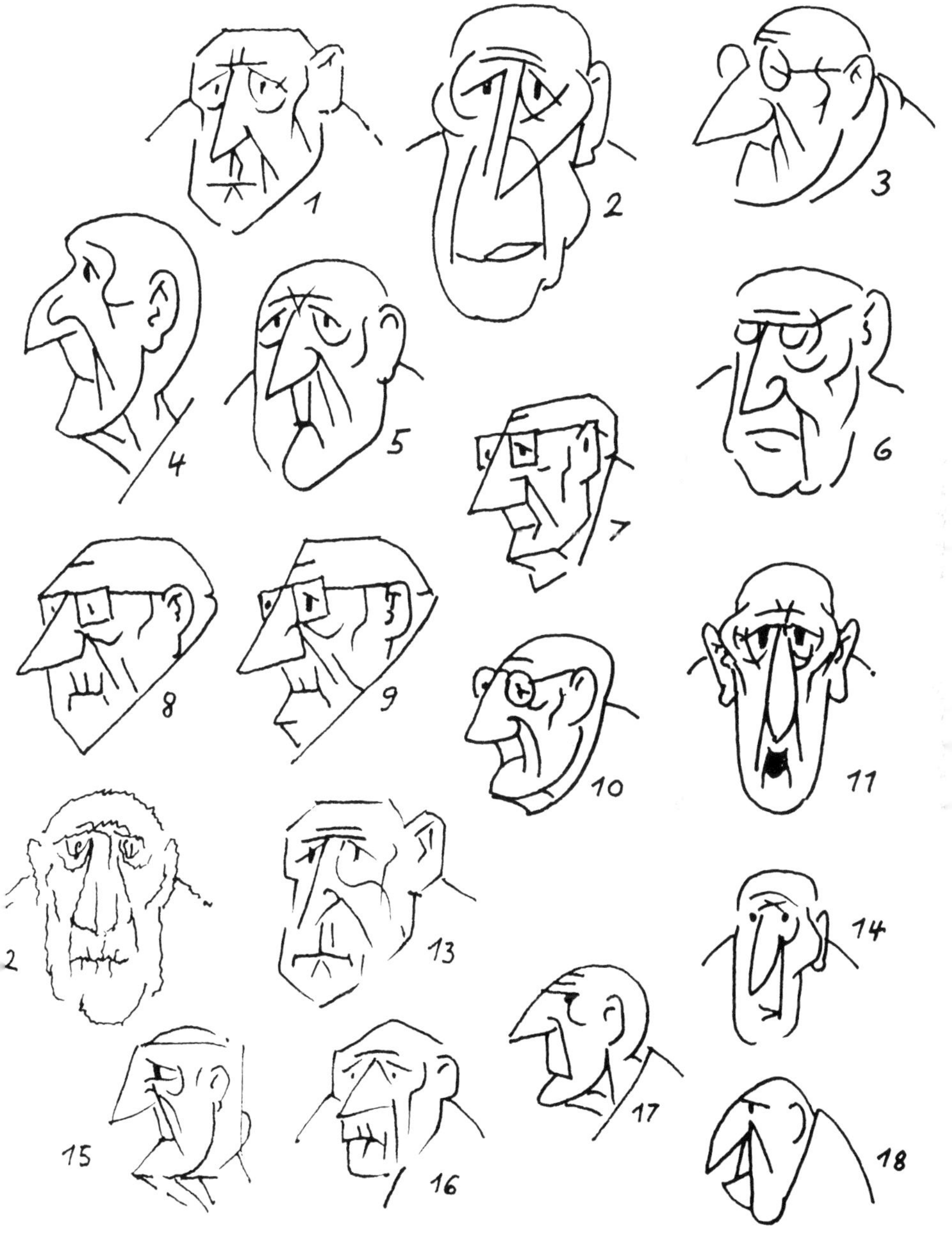
1
2
3
4
5
6
7
8
9
10
11
2
13
14
15
16
17
18

Z. 12: Beispiel für einen zittrigen Strich. Damit braucht nicht einmal verbunden sein, daß jüngere Figuren auf Ihrer Zeichnung auch so zittrig gezeichnet werden müssen.

Die Zeichnungen auf S. 81 zeigen weitere Darstellungen mit einigen Varianten. Z. 19, 20 und 31 zeigen Vorderansichten. Z. 22, 23, 24 und 26 zeigen Profile mit Bart. Z. 24 ist sehr stark vereinfacht. Ein kleines Format fordert starke Vereinfachungen. Die Z. 29 und 30 zeigen Umkehrungen der Nasen. Auf ihnen ist der Nasenrücken gerade und die Unterseite gebogen. Auf Zeichnung 25 ist der Brillenbügel mit den Augenpunkten verbunden.

Darstellungen alter Frauen (S. 79). In vielen Einzelheiten ähneln alte Frauen alten Männern. Die Gesichtszüge können also übernommen werden. Wenn man sehr scharf übertreibt, kann man dem Kinn einer Greisin sogar einige Barthaare zugeben. Im allgemeinen wird der kleine Dutt, scherzhaft auch Portierszwiebel genannt, getragen.

Die Zeichnungen auf S. 79 sind bis auf E mit Dutts wechselnder Größe an verschiedenen Stellen des Kopfes versehen. Bitte achten Sie darauf, daß der Dutt in Form und Größe nicht mit der Nase konkurriert. Hier sollten Sie mit Gegensätzen arbeiten:

Bei A und B: Nase lang – Dutt rundlich. Auf Zeichnung B, C und D ist die Nase im Verhältnis zum Dutt besonders groß.

Achten Sie bei den untereinanderstehenden Abb. E, F, J und K, wie sich im Ablauf von oben nach unten der Dutt kleiner und das Kinn größer wird. Auf Z. E treffen Ober- und Unterlippe, die zum Kopf hin eingefallen sind, mit der Linie des Mundes zusammen. Auf der Z. F ist der Unterkiefer nach vorn gerutscht und die Mundlinie nach hinten abgefallen. Auf der Abb. J ist der Oberlippenbereich gebogen und das Kinn reicht über die Nase hinaus. Auf der Z. K sind Nase und Kinn vergrößert. Die Nase ragt jedoch wieder über das Kinn hinaus. Bei den Zeichnungen H, L, N, O wird Ihnen auffallen, daß die obere Schädelkontur horizontal verläuft. Das ist nicht Willkür. Als sekundäres Geschlechtsmerkmal ist der weibliche Schädel im oberen Bereich flach gewölbt, während der männliche Schädel rund gewölbt ist. Horizontal hingegen (im Bereich Schläfe – Stirn – Schläfe) ist der weibliche Schädel gewölbt und beim männlichen Schädel sind die Schläfenbeine nicht gewölbt und bilden mit der sehr gering gewölbten Stirnfläche einen Winkel.

Aufgabe: Kopieren Sie einen von den größeren Profilköpfen. Sparen Sie aber dabei den Abschnitt zwischen Nasen- und Kinnansatz aus. Setzen Sie in diese Lücke verschiedene Münder ein. Der Mundstrich kann verschieden hoch (in der Nähe des Nasenansatzes oder tief in der Nähe des Kinnansatzes) sitzen. Der Mundstrich kann kurz und gerade, kurz und nach oben gebogen, kurz und nach unten gebogen, er kann lang und gerade und horizontal, lang und gerade nach unten, lang und gerade nach oben verlaufen, er kann auch lang und gebogen nach oben, lang und gebogen nach unten verlaufen. Schließlich können Sie dem Profil den Mund öffnen. Achten Sie aber darauf, daß diese Mundlinien die von der Nase her kommende Falte nicht überschreiden. Das gilt auch für die anderen in ähnlicher Richtung verlaufenden Falten. Z. 0 eignet sich nicht für diese Aufgabe, da der Kopf vom Betrachter abgewandt ist, die Wange also vor der Mundöffnung liegt.

DIE FIGUR

Versuchen Sie doch mal, Ihre Figuren auf einem Dreiecksschema (S. 87) aufzubauen (1)! Die beiden oberen Punkte stehen für die Schultergelenke, die beiden unteren Punkte stehen für die Hüftgelenke. Vereinfacht sind auf diese Weise der große und kleine Rollhügel mit dem Oberschenkelkopf zu einem „Gelenkpunkt" zusammengefaßt. Eine weitere Richtschnur ist die bei frontaler Sicht durch die Körpermitte verlaufende Wirbelsäule, 2, 4, 6. Bei Schrägansicht wird deutlich, daß die Wirbelsäule zwei gegenläufige Krümmungen hat: 8, 10. Zur Vereinfachung habe ich das Kreuzbein weggelassen. An den oberen Gelenkpunkten hängen die Arme, die Ellenbogengelenke liegen mit dem Punkt, an dem die zwei Dreiecke zusammentreffen auf einer Höhe (Taille). Die Basis des unteren Dreiecks liegt in einer Höhe mit den Handgelenken.

Auf dieser Linie liegt die Körpermitte. An die Gelenkpunkte, Ansatzpunkte der Oberschenkel, können Sie die Beine anfügen. Es folgen dann die Knie-, Fuß- und Zehengelenke (2). Wenn man die oben genannte Linie als Körpermitte akzeptiert, weiß man, wie weit man nach unten gehen kann; allerdings muß man vorher den Kopf auf das Gerüst gesetzt haben. Wie groß Sie dann diesen Kopf zeichnen, steht ganz in Ihrem Belieben.

Manche Cartoonzeichner verzichten auf die Kopfform, der Kopf besteht dann nur noch aus Augen, Nase und Mund. Sie können die Figur schlank halten (4, 5). Sie können Sie aber auch dicker machen (6, 7). Wie beweglich die Figuren werden können, zeigen die Richtungsänderungen der Gliedmaßen von den Gelenkpunkten aus (8, 10). Um diese Schemafigur herum können Sie dann die entsprechenden Volumina zeichnen. Die Zeichnung 12 zeigt eine Schemafigur mit Spiel- und Standbein. Bitte achten Sie darauf, daß das Standbein in etwa lotrecht unter dem Kopf steht. Die Basis des unteren Dreiecks verschiebt sich so, daß der Gelenkpunkt über dem Standbein nach oben rutscht; der Gelenkpunkt des Spielbeins schiebt sich nach unten.

Auf den Seiten 88 und 89 sind Sitzende und „gehende Beine" festgehalten. Auf den Seiten 90, 91, 92 und 93 sehen Sie einige Skizzen aus meinen Skizzenbüchern. Sie sind so groß gezeichnet, wie sie hier wiedergegeben sind. Das kleine Format zwingt zur Vereinfachung und zum Weglassen überflüssiger Details.

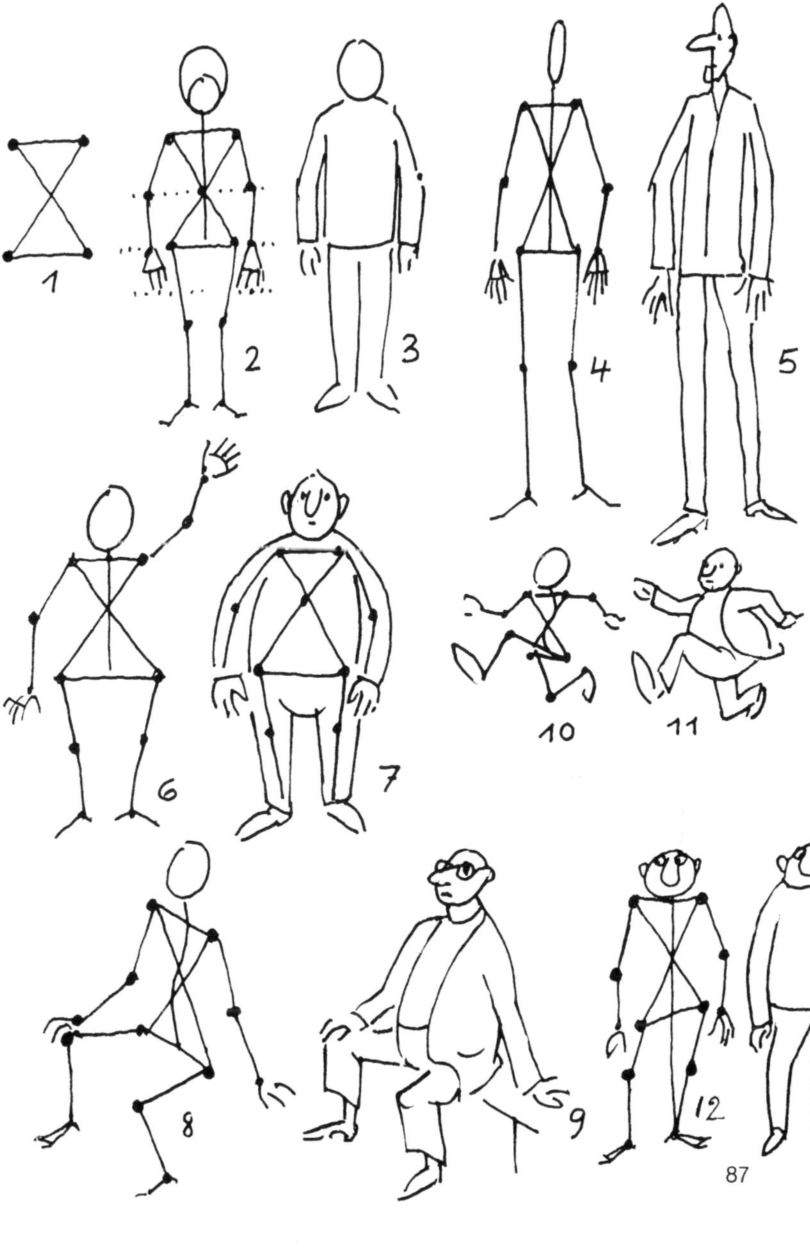
1
2
3
4
5
6
7
10
11
8
9
12
13

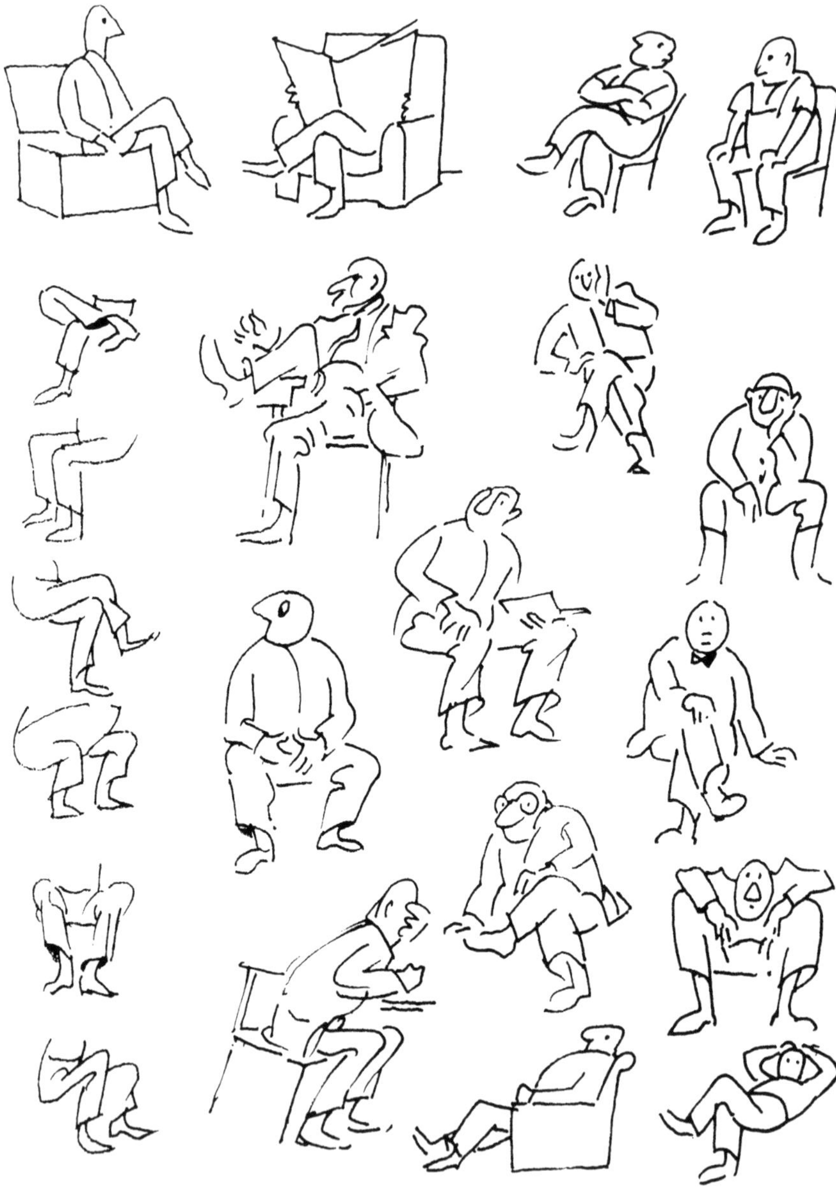

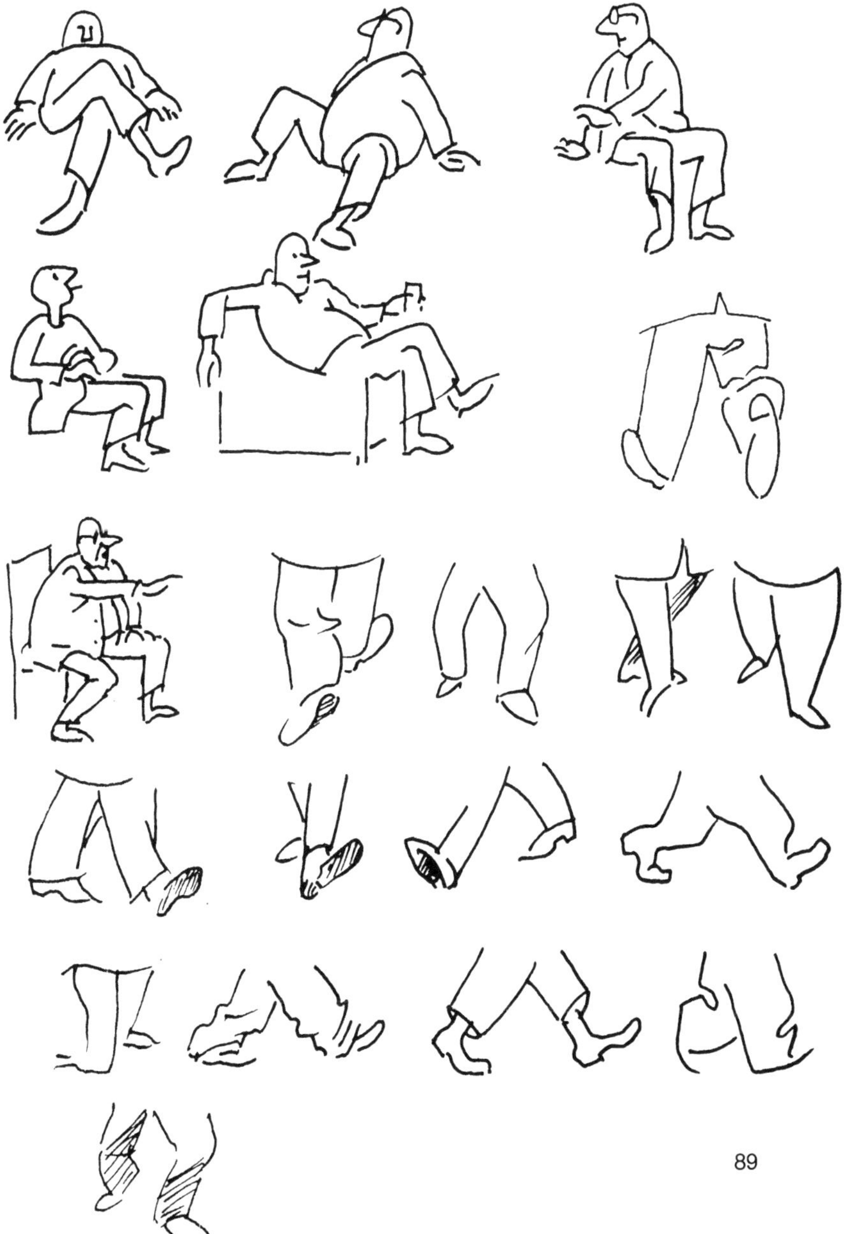

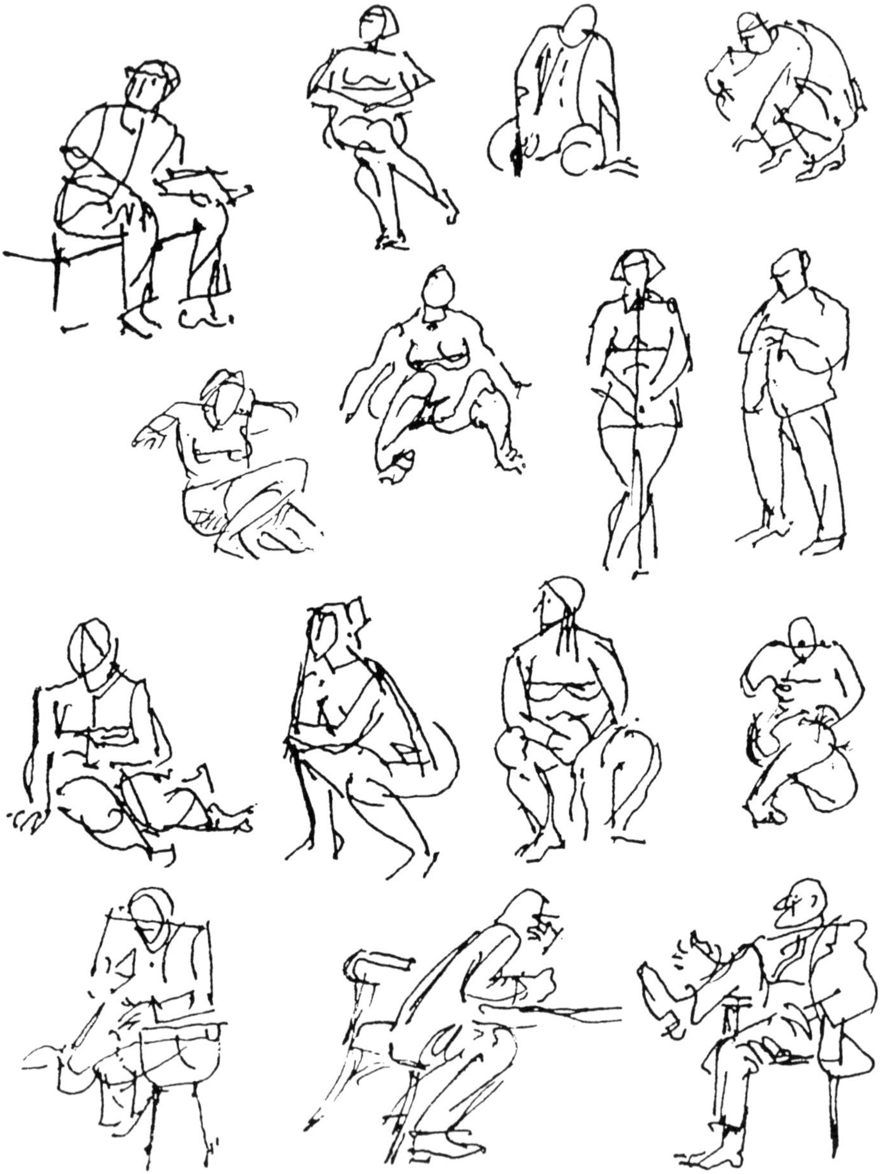

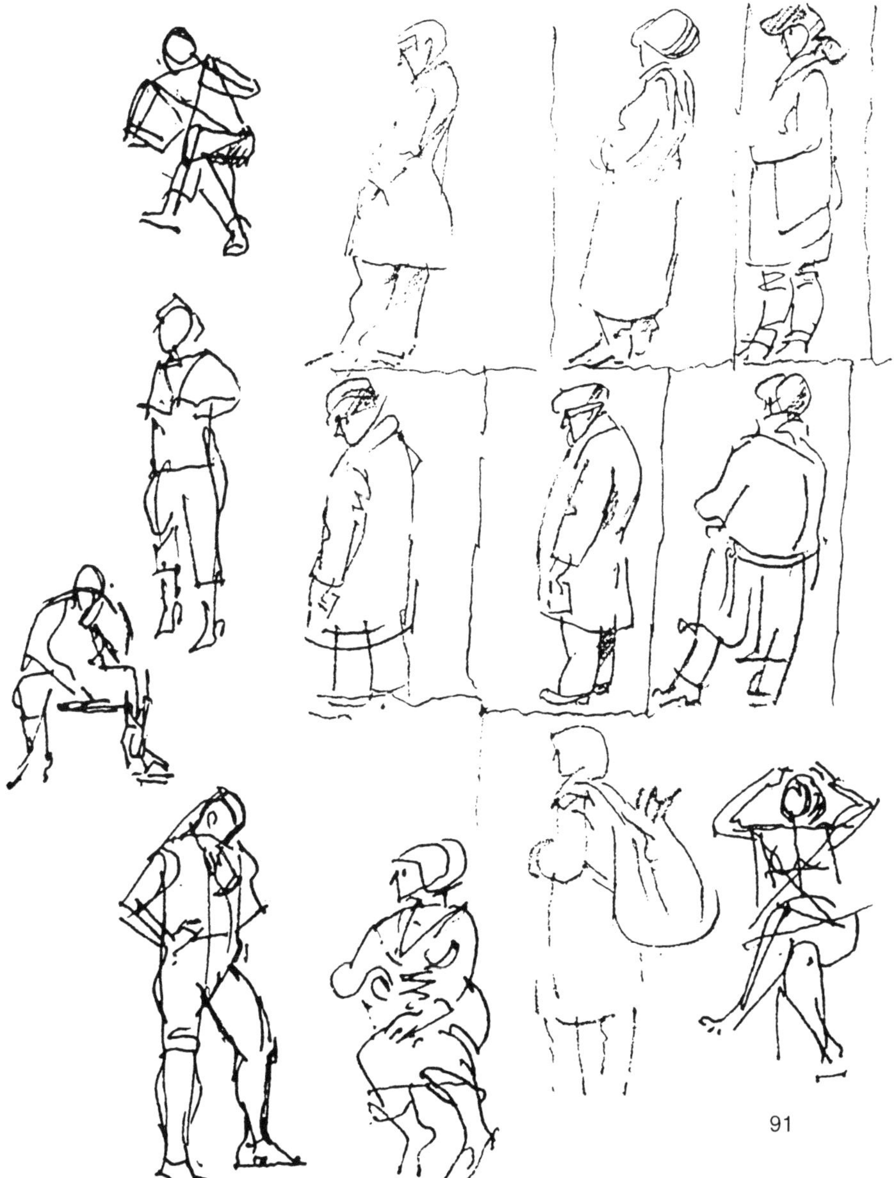

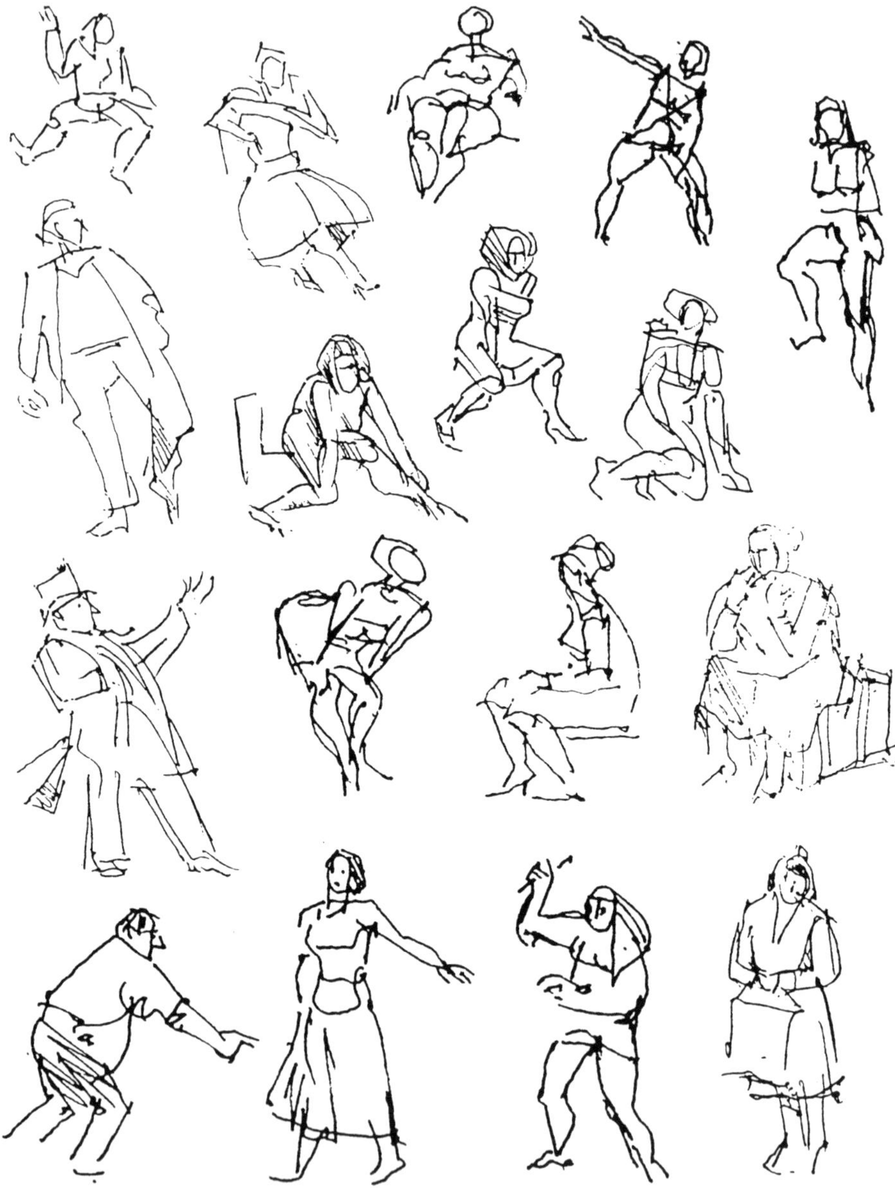

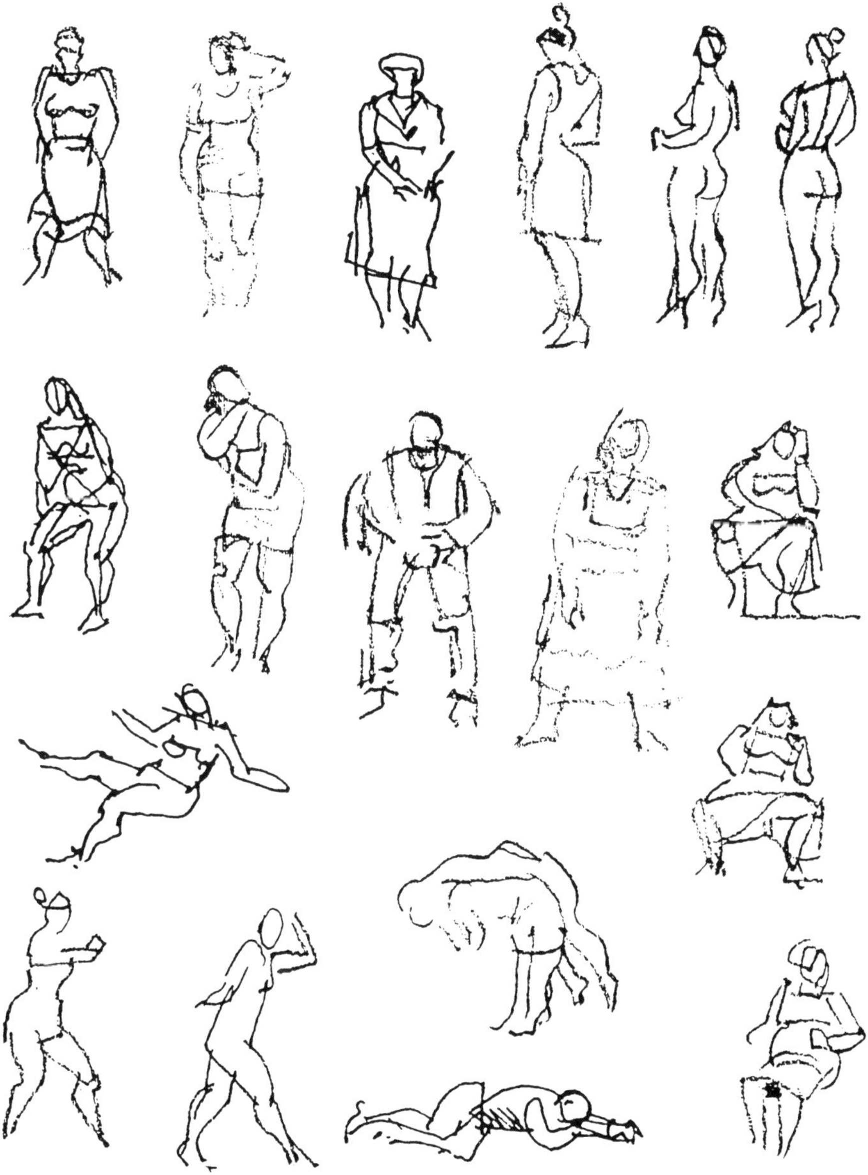

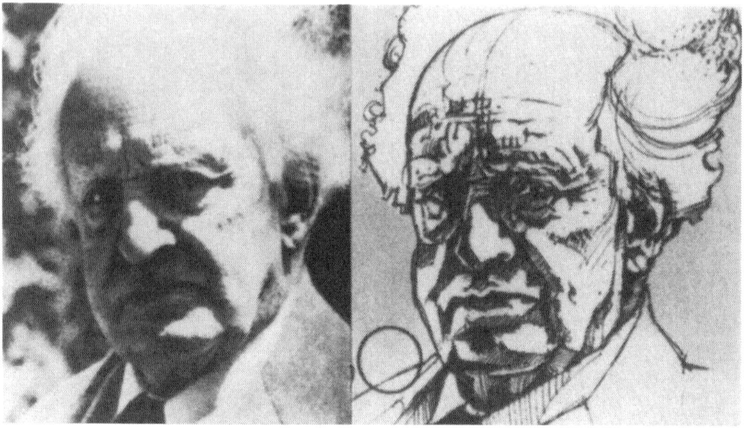

VOM FOTO ZUR PORTRAITKARIKATUR

Am Beispiel des Dramatikers Gerhart Hauptmann (1862–1946) läßt sich die Portraitkarikatur exemplarisch demonstrieren. Er war von 1894 bis 1942 der am meisten gemalte, gezeichnete und karikierte Dichter. Gerade dieser Dichter mit hoher Denkerstirn, pathetischem Haar und Ministerecken gab eine gute Zielscheibe für den Karikaturisten ab.

Ausgangspunkt ist ein Portraitfoto Hauptmanns aus dem Jahre 1944. Dieses Foto diente dem Entwerfer Gerd Aretz des Postwertzeichens (Nobelpreisträger deutschsprachiger Literatur, 1978) zu großem Teil als Vorlage. Die charakterisierende Umsetzung muß erfolgen, um nicht nur ein verkleinerter Abklatsch des Fotos zu sein. Sie setzt sich aus folgenden Elementen zusammen:

1. Der Zeichner hat den leicht geneigten Kopf der Fotovorlage etwas gerader gerückt. Damit erhält er mehr Strenge.
2. Er hat die mittlere senkrechte Stirnfalte über die Stirn hinaus bis zum Haaransatz verlängert. Damit wird die Wölbung des Schädels deutlicher.

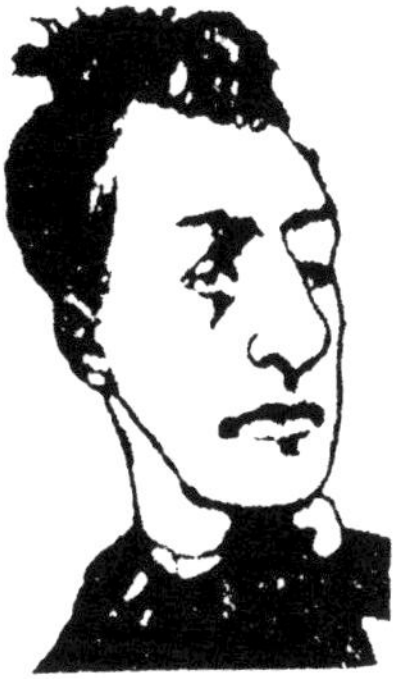

1

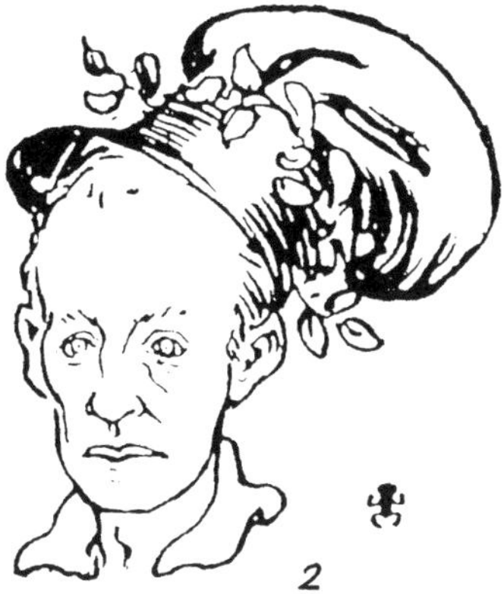

2

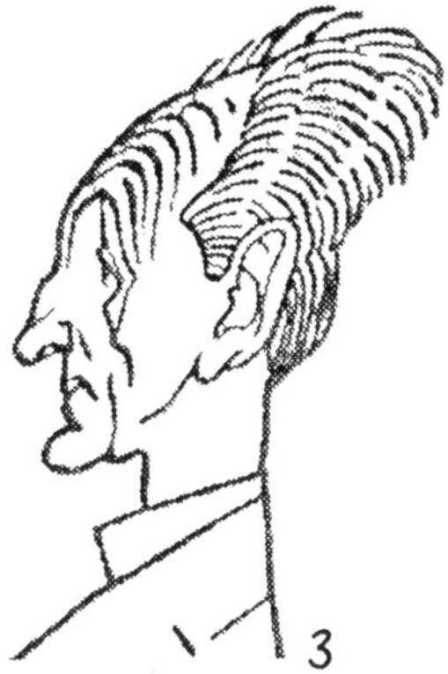

3

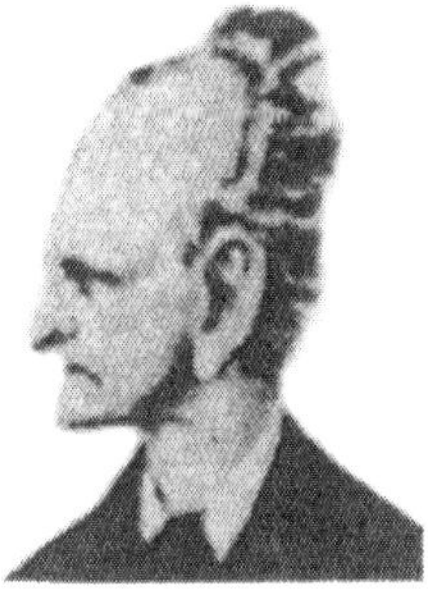

4

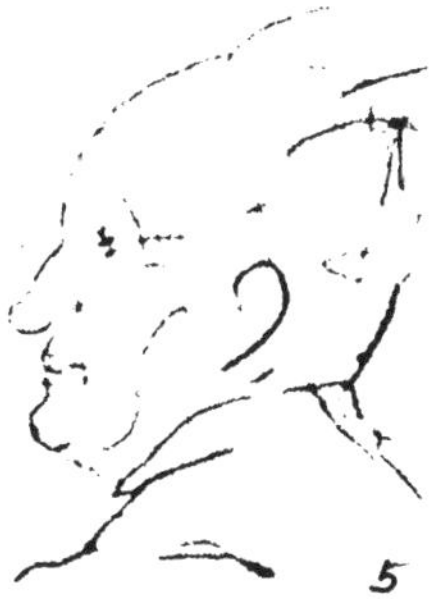

5

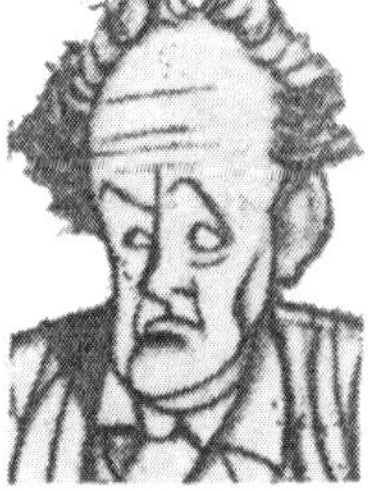

6

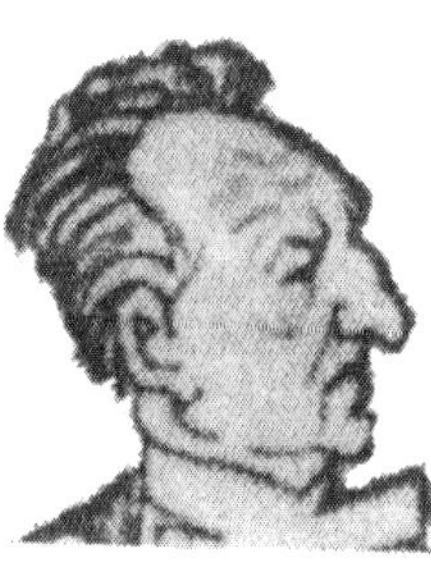

7

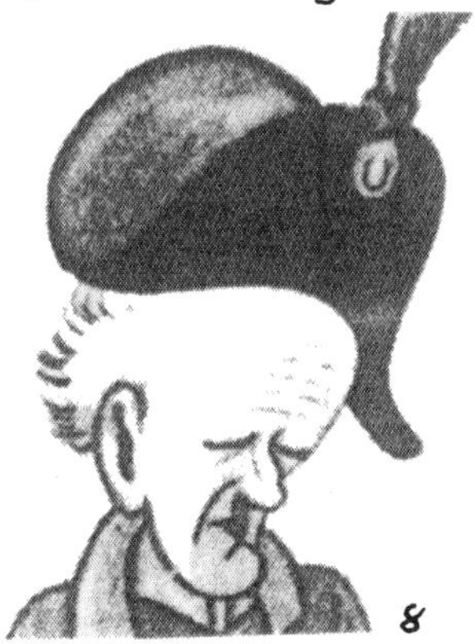

8

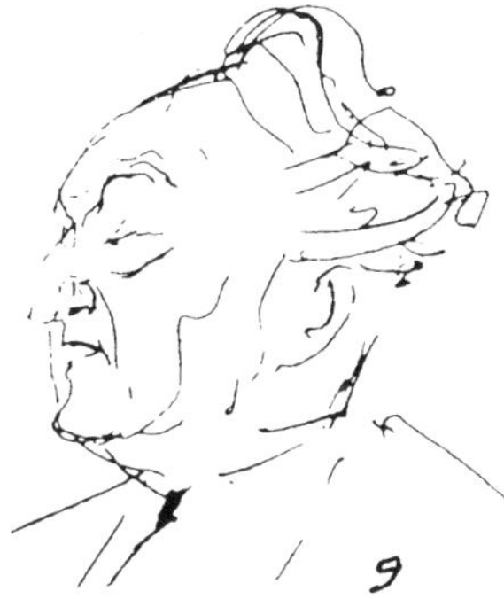

9

3. Auf dem Foto gehen im linken oberen Schädelbereich Haaransatz und Schädelform ineinander über. Der Zeichner hat eine klärende Begrenzungslinie gesetzt, die, von der Schläfe ausgehend, sich nach oben hin verjüngt.
4. Im Bereich um den Mund, um das Kinn und am Hals hat der Grafiker einige Stellen aufgehellt, da das Foto dort sehr dunkel ist.
5. Bei der Darstellung des Haares hat sich der Zeichner nach einem Foto von 1932 gerichtet. Auf jenem Foto ist das Haar noch dicht, fest und schwungvoll.

Der genaue Betrachter wird noch eine Reihe weiterer Umsetzungen feststellen. Mir ging es nur darum zu zeigen, was man aus einer Fotovorlage machen kann. An diesem Punkt – bis jetzt ging es nur um Ähnlichkeit und Charakterisierung – gehen wir zur Karikatur über. Die Zeichnungen auf der nächsten Seite sind von verschiedenen Künstlern. Sie zeigen den 32jährigen Hauptmann (1) des Karikaturisten Alfred Stutz. Daneben G. Hauptmann als „Genosse" mit der Ballonmütze (2) von Arpad Schmidhammer von 1904. Rechts daneben Olaf Gulbranssons Zeichnung des Profils G. Hauptmanns (3) aus dem Jahre 1905. Zeichnung Nr. 4 von Brand stammt ebenfalls aus dem Jahre 1905. Autor von Nr. 5 ist Emil Orlik (1917). Nr. 6 hat Walter Trier 1913 und Nr. 8 1921 gezeichnet. Von 1909 ist die Zeichnung Nr. 7 von W. A. Wellner. Die Zeichnung Nr. 9 hat B. F. Dolbin 1932 gefertigt.

Aus urheberrechtlichen und platztechnischen Gründen sind diese neun Zeichnungen leicht verändert und manche von ihnen aus dem Zusammenhang einer größeren Cartoonzeichnung herausgenommen. Deshalb sind noch einige ergänzende Erläuterungen notwendig.

Auf dem Zeichnungsausschnitt 1 kommt nicht zum Ausdruck, daß Hauptmann hier als einer von mehreren naturalistischen Dichtern von der Polizei abgeführt wird. Die weiße Form unter dem Kinn stammt von der Hand des zupackenden Polizisten. Von 4 (Mitte links) ist Hauptmanns Figur weggeschnitten. Sie gibt Hauptmann in einer Art Mönchskutte wieder. Der Titel der Zeichnung lautet „Der heilige Gerhart." Ob der Zeichner so etwas geahnt hatte? Hauptmann trug in den zwanziger Jahren auf Hiddensee eine Mönchskutte und er wurde in ihr begraben. In der zweiten Reihe rechts ist der Kopf aus einer Gruppe von Dichtern herausgenommen, die der Zeichner Trier als Schulklasse karikiert hat.

Sie (Hauptmann, Dehmel, von Hofmannsthal, Roth, Halbe, Holz, Hardt und Wedekind) sind nicht in die Dichterklasse versetzt worden, aber der die Hohenzollern rühmende Dramatiker Lauff erhält den Adelstitel von Kaiser Wilhelm II verliehen. Hauptmanns Kopf (untere Reihe links) ist der Zeichnung „Große Herbstparade zur Eröffnung der Theatersaison" entnommen. Hauptmann marschiert hier als uniformierter Militärhauptmann, einen abgebrochenen Säbel in der Hand, mit.

Auch die Zeichnung 8 spielt auf den, einen militärischen Dienstgrad bezeichnenden Namen des Dichters an. Die Darstellung Hauptmanns mit Zweispitz, Kokarde und Quaste ist Teil einer Karikatur, auf der der Dichter als Hauptmann auf dem Dichterroß Pegasus reitend, die Meldung entgegennimmt, daß „unsere Truppen überall im siegreichen Vormarsch sind". Das Blatt hat den Titel „Unsere geistige Armee".

Auf der Zeichnung 2 trägt Gerhart Hauptmann als Attribut die proletarische Ballonmütze der Sozialdemokraten. Sie ist mit Lorbeer verziert. An diesem Beispiel läßt sich zeigen, daß durch Attribute und illustrative Ausschmückungen der Ausdruck und die Wirkung einer Portraitkarikatur vertieft werden kann. Hier beschränkt sich die Darstellung nicht auf den Kopf, sondern durch die von standesbewußten Arbeitern getragene Ballonmütze, die der Zeichner seiner Darstellung hinzufügt, wird die Beziehung zu dem Themenkreis seines Werkes hergestellt und durch den Lorbeer wird die Anerkennung hervorgehoben. Ein Karikaturist unserer Zeit, der Italiener Tullio Periculo verfährt ähnlich. So stellt er den Seelenforscher Sigmund Freud als Angler dar, der von vielen komplizierten Angelhaken umgeben, mit Angel und verwickelter Angelschnur versucht, in einem für den Betrachter aber nicht sichtbaren Meer des Unbewußten zu angeln.

DIE POLITISCHE KARIKATUR

Im politischen Cartoon ist neben der Pointe auch die Portraitähnlichkeit zu bewältigen. Diese Ähnlichkeit muß gesteigert werden. Nicht die Schönheiten, sondern die Mängel werden übertrieben. Einige Beispiele mögen das erläutern. Der dünnlippige Mund des ehemaligen baden-württembergischen Ministerpräsidenten Späth wird zur spinnwebzarten Linie, und wenn der Mund breit ist, wird die Linie noch länger, ein kurzer Hals wird zum Stiernacken umgeformt (F. J. Strauß), die buschigen Augenbrauen des Finanzministers Waigel werden noch schwärzer und dicker. Außenminister Genschers Fledermausohren werden noch mehr hervorgehoben und seine Hängebäckchen werden noch schlaffer wiedergegeben. Der vorstehende Oberkiefer der ehemaligen britischen Premierministerin Margret Thatcher wird genauso gnadenlos hervorgehoben wie das Feuermal auf der Stirnglatze Gorbatschows. Natürlich wird auch die Überlänge, die Körperfülle und der birnenförmige Kopf des Bundeskanzlers Kohl herausgearbeitet.

In den regionalen und überregionalen Tageszeitungen, Illustrierten und Wochenzeitungen können Sie sich ein Bild davon machen, auf was für verschiedenen Wegen diese oft frappierenden Ähnlichkeiten erzielt werden.

Nur mit Unbekümmertheit, Respektlosigkeit und Frechheit können Sie an die politische Karikatur herangehen. Täglich und wöchentlich veröffentlichen Zeitungen und Wochenzeitungen Karikaturen, die außen-, innen- und wirtschaftspolitische Ereignisse mehr oder weniger bissig kommentieren. Der englische Karikaturist David Low ging sogar soweit zu schreiben, daß eine gute politische Karikatur einen Leitartikel ersetzen könne.

Beispiele aus Vergangenheit und Gegenwart belegen, daß das Zeichnen und Veröffentlichen politischer Karikaturen gefährlich ist. 1832 kommt der französische Grafiker und Maler Honoré Daumier ins Gefängnis, weil er König Louis Philippe als gefräßigen Riesen Gargantua dargestellt hat, 1898 wird der Zeichner Thomas Theodor Heine zu sechs Monaten Festung verurteilt, weil sich Kaiser Wilhelm II. durch eine Zeichnung beleidigt fühlte. 1964 stellte Franz Joseph Strauß Strafantrag gegen den Zeichner Fritz Behrendt, der vom Gericht abgewiesen wurde.

Wenn Sie sich auf diesem Gebiet betätigen wollen, sollten Sie früh um sechs Uhr die ersten Nachrichten und die Zeitungskommentare hören.

Sie sollten sich ein Archiv mit Zeitungsausschnitten mit den fotografierten und karikierten Abbildungen der verschiedenen Politikerinnen und Politiker anlegen. In den überregionalen Blättern werden Sie viel Material finden.

Weiterhin sollten Sie sich einen Bilder-Duden oder den englisch-deutschen Oxford-Duden anschaffen. Darin sind die verschiedensten Dinge abgebildet, die Sie nicht alle „auswendig" zeichnen können.

Die politische Karikatur ist heute insofern komplizierter geworden, als es eben im allgemeinen nicht mehr reicht, neutrale Repräsentanzfiguren (Marianne mit der Jakobinermütze = Frankreich, John Bull = Großbritannien, Sowjetunion = Bär, USA = Uncle Sam, der Michel mit der Zipfelmütze = Deutschland usw.) darzustellen. Heute ist die Ähnlichkeit mit den agierenden Politikern gefragt.

Es muß Ihr Ziel werden, die wichtigen Ereignisse der Weltbühne auf ihrem „Papiertheater" (Wilhelm Busch) lebendig werden zu lassen.

Da es bei der politischen Karikatur um die Umsetzung abstrakter Begriffe in „Bilder" geht, habe ich in einer Liste von Wörtern, die keinen Anspruch auf Vollständigkeit erhebt, eine Auswahl von Begriffen und ihnen entsprechenden Bilder einander gegenübergestellt.

Beispiel: Koalition (Begriff) Pärchen von der Standesbeamten (Bild). Erklärung: Der Ausdruck „Koalition" ist nicht bildhaft, aber ein Brautpaar Arm in Arm (auf dem Rücken mit den Abkürzungen der koalierenden Parteien beschriftet) kann bildhaft die Koalition darstellen. Eine Steigerung erführe diese Zeichnung, wenn diese Partner den jeweiligen Parteivorsitzenden ähnelten.

Wörterverzeichnis

abblitzen lassen – jemandem einem Korb geben

Abgeordneter – Hinterbänkler, Kanalarbeiter

abgewirtschaftet – kein Hemd mehr auf dem Leibe haben

abtreten – von der Bühne abtreten

abschaffen	–	alte Zöpfe abschneiden
sich abkapseln	–	sich in sein Schneckenhaus zurückziehen, im Elfenbeinturm oder im Wolkenkuckucksheim leben
sich abwenden	–	alle Brücken hinter sich abbrechen, die Schiffe hinter sich verbrennen
abwiegeln, beruhigen	–	Öl auf die Wogen gießen
sich ähneln	–	der Apfel fällt nicht weit vom Stamm
jmdn. anbeten	–	sich jmdm. zu Füßen legen
anerkennenswert	–	Hut ab vor jmdm.
jmdn. anführen	–	jmdm. einen Bären aufbinden
sich ausruhen	–	sich auf seinen Lorbeeren ausruhen
Ausweglosiskeit	–	die Katze (Schlange) beißt sich in den Schwanz
Beliebtheit	–	Bad in der Menge, Hahn im Korbe
beleidigend	–	Schlag ins Gesicht
Bürokratie	–	Amtsschimmel
den Beruf wechseln	–	umsatteln
durchbringen, aufbrauchen	–	das Geld zum Fenster hinauswerfen
jmdn. einschränken	–	jmdm. Knüppel zwischen die Beine werfen
hemmen	–	jmdm. Steine in den Weg legen
jmdn. fördern	–	jmdn. in den Sattel heben, jmdm. den Steigbügel halten, Königsmacher sein
ein Gespräch über etwas Unerfreuliches beenden	–	Schwamm drüber

heruntermachen, verreißen	– durch die Mangel, durch den Fleischwolf drehen
einen Hinweis geben	– Wink mit dem Zaunpfahl
irren (sich)	– auf dem falschen Dampfer sitzen
jmdn. jagen	– auf jmdn. Treibjagd machen
jmdn. finanziell knapp halten	– jmdm. den Brotkorb höher hängen
lügen	– lügen, daß sich die Balken biegen
maßgeblich, den Ausschlag geben	– das Zünglein an der Waage sein, die erste Geige spielen, der erste Mann an der Spitze sein
nacheinander, hinter- einander	– im Gänsemarsch gehen
nachlassen, mit jmdm. geht es abwärts (z. B. mit einer Partei)	– auf dem absteigenden Ast sein
etwas in Ordnung bringen	– die Karre aus dem Dreck ziehen
verderben	– die Karre in den Dreck fahren
Opportunist sein	– die Fahne nach dem Wind hängen
plagiieren, geistigen Diebstahl begehen	– sich mit fremden Federn schmücken
Querulant, Nörgler	– Streithahn, Streithammel
ratlos sein	– wie der Ochs vorm Berge stehen
über sein Lieblingsthema sprechen	– sein Steckenpferd reiten
nicht recht mit der Sprache herausrücken wollen	– wie die Katze um den heißen Brei herumschleichen

tölpelhaft sein	– sich wie ein Elefant im Porzellanladen benehmen
etwas verkehrt machen	– das Pferd beim Schwanz aufzäumen
die Entscheidung ist gefallen	– die Würfel sind gefallen
etwas ist nicht in Ordnung	– da ist der Wurm drin
wortkarg sein	– jmd. läßt sich die Würmer aus der Nase ziehen
zahlungsunfähig sein	– bei jmdm. sitzt der Pleitegeier auf dem Dach
nicht herausgeben	– auf etwas den Daumen halten
übertreiben	– das Kind mit dem Bade ausschütten
für etwas einstehen	– die Suppe, die man sich eingebrockt hat, auslöffeln
jmds. Gutmütigkeit ausnutzen	– jmdm. auf der Nase herumtanzen
ausgelassen in einer gefährlichen Situation	– Tanz auf dem Vulkan
sich auf allen Gebieten auskennen	– in allen Sätteln gerecht sein
Frieden schließen	– die Friedenspfeife rauchen
jmdm. schaden	– jmdm. den Ast absägen, auf dem er sitzt
sich empören	– auf die Barrikaden steigen
seiner Sinne nicht mehr mächtig sein	– kopflos sein
aufrichtig sein	– mit offenen Karten spielen
vertuschen, mißachten	– unter den Teppich kehren

jmdm. aus großer Not helfen	–	einem Ertrinkenden einen Rettungsring zuwerfen
kränken, beleidigen, verletzen	–	bei jmdm. ins Fettnäpfchen treten
packen, anfangen	–	den Stier bei den Hörnern fassen
etwas mühelos können	–	aus dem Ärmel schütteln
Auseinandersetzung, zähes Ringen	–	Tauziehen
ausdenken, ersinnen	–	ausbrüten
ausweglos	–	die Karre ist total verfahren
veraltet, gestrig	–	aus der Mottenkiste
nachlässig werden		die Zügel schleifen lassen
eine Entwicklung nicht aufhalten können	–	das Rad der Geschichte läßt sich nicht zurückdrehen
in einer schwierigen Lage sein	–	zwischen zwei Stühlen sitzen
vereinigen, einen	–	unter einen Hut bringen
herhalten müssen, ein Opfer bringen	–	für jmdm. die Kastanien aus dem Feuer holen
zurücktreten (müssen)	–	seinen Hut nehmen (müssen)
behindern, hindern	–	auf dem Schlauch stehen
habgierig sein	–	um das goldene Kalb tanzen
Tabus abschaffen	–	heilige Kühe schlachten
sich entschließen müssen	–	nicht auf zwei Hochzeiten tanzen können
gegen etwas Eingebildetes o. Aussichtsloses kämpfen	–	gegen Windmühlen/Windmühlenflügel kämpfen

es ist höchste Zeit	–	fünf Minuten vor 12 (Zifferblatt m. Zeiger)
Anschluß verpassen	–	Zug verpassen
Konsumverzicht betreiben, das Geld zusammenhalten	–	den Gürtel enger schnallen
sehr bekannt sein, etwas ist ein offenes Geheimnis	–	die Spatzen pfeifen es von den Dächern
Hilfe leisten	–	Ärzte stehen am Bett des Patienten
nicht kleinzukriegen	–	ein Stehaufmännchen sein
nachfolgen	–	in jmds. Fußstapfen treten
unwillkommenes Geschenk	–	Trojanisches Pferd
Böses sinnen	–	Basiliskeneier ausbrüten
sich erniedrigen	–	einen Gang nach Canossa antreten
heuchlerisches Weinen	–	Krokodilstränen weinen
beanstanden	–	ein Haar in der Suppe finden
zanken	–	sich in den Haaren liegen
versteigern	–	unter den Hammer kommen
beenden	–	das Handtuch werfen
eine Verbindung beenden	–	das Tischtuch zwischen sich und jmdm. zerschneiden
Hintergrund	–	Kulisse
Hinterhalt	–	Falle
herausfordern	–	jmdm. den Fehdehandschuh hinwerfen
schmeicheln	–	jmdm. Honig ums Maul schmieren
Hindernis	–	Hürde
Identifikationsfigur	–	Galionsfigur

Intellektueller	– Eierkopf
sich irren	– auf dem Holzweg sein
schlechtmachen	– das eigene Nest beschmutzen
beschränken	– jmdm. die Fügel beschneiden
Schuldiger	– das schwarze Schaf, Sündenbock
kritikloser Gefolgsmann	– Marionette
übertreffen	– jmdn. in den Sack stecken
scheitern, etwas mißglückt	– Schiffbruch erleiden, fällt wie ein Kartenhaus zusammen

Zum Abschluß zeige ich noch eine politische Karikatur aus dem Zweiten Weltkrieg des Malers und Grafikers Markus von Gosen.

Er hat sie postkartengroß nach dem Attentat auf Adolf Hitler gezeichnet und als Feldpost an seine Eltern geschickt. Diese Zeichnung – hätte die Feldpostzensur den Inhalt wahrgenommen, hätte dem Verfasser ein Todesurteil einbringen können. Der Sinn ergibt sich ohne die Notwendigkeit einer Portraitdarstellung. Die Redensart „Ihn soll der Teufel holen!" wird als Frage dem Teufel in den Mund gelegt. Es wird also vorausgesetzt, daß Hitler nach gelungenem Attentat in die Hölle kommen wird. Der Teufel denkt aber nicht daran, denn er befürchtet, daß er dann nicht mehr der „Oberteufel" sein wird. Der Schlüssel zum Verständnis ist der Abreißkalender, denn das Kalenderblatt zeigt das Datum des mißlungenen Attentats.

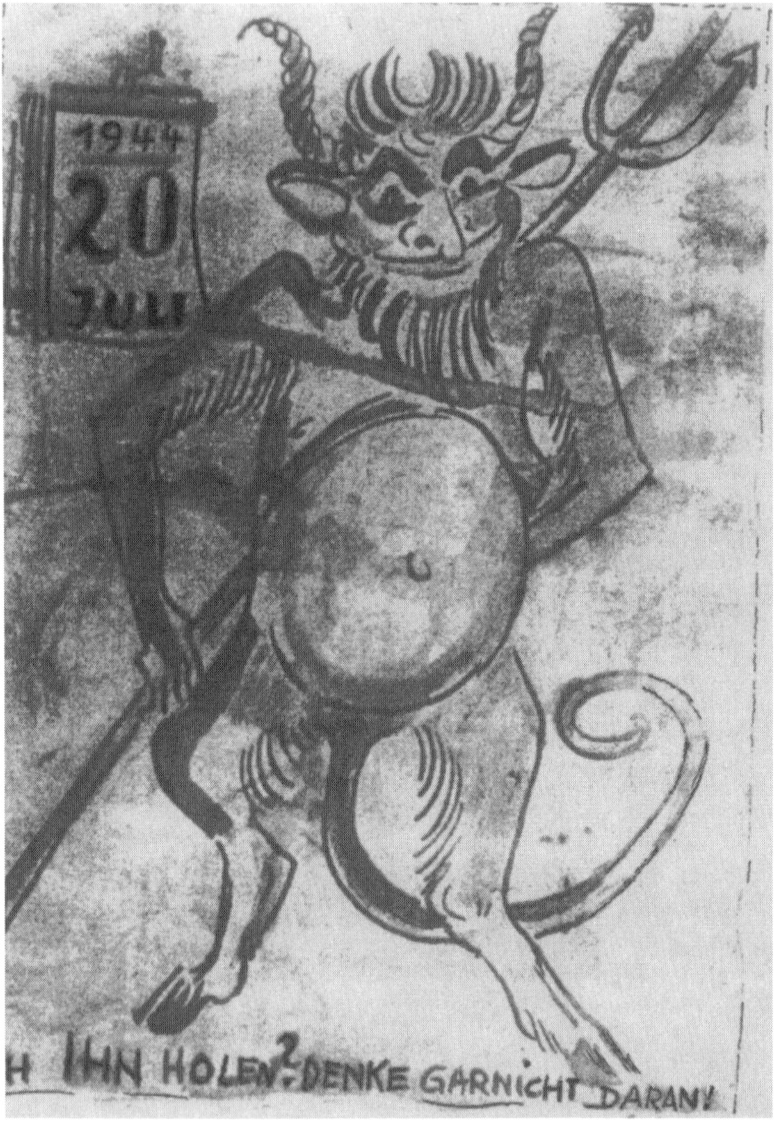
1944
20
JULI
H IHN HOLEN? DENKE GARNICHT DARAN!

WOHIN MIT IHREN ZEICHNUNGEN?

Angenommen, Sie wollen mit Ihren Zeichnungen mehr erreichen, als Bierzeitungen zu beleben oder Schülerzeitungen zu illustrieren, so ist es für Sie wichtig, einige Anschriften zu wissen, an die Sie sich wenden können.

Machen Sie aber jeweils eine Kopie für sich, signieren Sie Ihre Zeichnungen, schreiben Sie auf die Rückseite der Blätter Ihren Namen und Ihre Anschrift und Ihre Konto-Nr. Und fügen Sie bitte einen frankierten und adressierten Umschlag für Rücksendung bei. Anschriften:

Cartoon Caricature Contor, 8000 München 40, Brunnenstraße 2.
Comic Factory, 2000 Hamburg 20, Eppendorfer Weg 186.
Bulls Pressedienst GmbH, 6000 Frankfurt, Eysseneckstraße 50.
Elefantenpress-Verlag GmbH, Karicartoon Galerie, 1000 Berlin 35, Oranienstraße 25, Postfach 303080.

Wenn Sie noch jung sind und die Wahl ihres Berufs noch vor Ihnen liegt, und Sie wollen wirklich nichts anderes als Cartoonist werden, so wenden Sie sich an die Berliner Akademie (1000 Berlin, Hardenbergplatz). An diesem Institut besteht ein Lehrstuhl für Karikatur (Prof. Fritz Weigle). Wenn Sie nicht oder nicht mehr auf eine Akademie gehen wollen oder können, aber doch an eine systematische Aus- und Weiterbildung mit Aufgabenstellungen interessiert sind, so schreiben Sie einmal an die Studiengemeinschaft Werner Kamprath GmbH, 6102 Pfungstadt, Ostendstraße 3. Dort wird ein Kurs „Karikatur und Pressezeichnen“ angeboten. Kosten: etwa 1000,– DM.

Wenn Sie aber schon einen Stoß Cartoons oder Comic-strips in der Schublade haben, dann wenden Sie sich an entsprechende Verlage wie Rowohlt-Tomate in Hamburg, Droemersche Verlagsanstalt in München, Heyne Verlag in München. Die Namen weiterer Verlage finden sie in den Cartoonbüchern größerer Buchhandlungen.

Wechselnde Ausstellungen von kritischer Grafik und Cartoons veranstalten das Wilhelm-Busch-Museum in Hannover (Georgengarten) und das Cartoon-Museum in Basel. In Siders (Schweiz) wird jährlich ein Comic-strip-Festival und in Knocke (Belgien) eine Cartoonale durchgeführt. Auf beiden Veranstaltungen werden Preise und Auszeichnungen für die besten Zeichnungen vergeben.

NACHWORT

Wenn Sie über Ironie verfügen, und wenn Sie diese Ironie in eine humoristische Betrachtungsweise einbetten können, haben Sie die geistigen Voraussetzungen für das Cartoonzeichnen. Natürlich können Sie mit einigen Kniffen und Tricks manches erreichen, aber Sie müssen auch in der Lage sein, die Lebenswelt des Alltags in einer dem Betrachter einleuchtenden und verständlichen Weise auf das Papier zu bringen. Zeichnerische Fähigkeiten hat *jeder.* Sie sind nur durch eine einseitige Ausbildung des Gehirns verschüttet. Wer das Buch „Garantiert zeichnen lernen" von Betty Edwards (Hamburg, 1982) gelesen und danach gearbeitet hat, weiß, was ich meine. Wenn Sie sich als Anfänger ihrer Begabung nicht sicher sind, sollten Sie es sich ausleihen oder anschaffen. Ansonsten gilt das, was in der folgenden Geschichte festgehalten ist. In Berlin fragt ein Fremder einen Taxifahrer: „Wie komme ich denn am schnellsten in die Philharmonie?" Der Taxifahrer antwortet: „Männeken, wenn se mir dat fragn, da kann ick nur sagn: üben, übn, übn!"

Für den Zeichner politischer Karikaturen ist schnelles Arbeiten wichtigstes Gebot. Eine gute Idee kann rasch zum Schnee von gestern werden, wenn sie nicht rechtzeitig in der Zeitung erscheint. Der Zeichner hat dann für seine Karikatur zuviel Zeit benötigt, um dieses oder jenes zeichnerische Problem zu bewältigen. Aber hier hilft nur ein Archiv und Training. Wenn Sie sich aber angewöhnen, in den Kategorien des Witzes, des Spottes und der Schadenfreude zu denken, werden Sie mit der Zeit erstaunt sein, wie Ihnen die Ideen zufliegen.

Persönlicher Dank

Das Beste was einem Autor widerfahren kann, sind passionierte Leserinnen und Leser, die seinen Vorstellungen folgen, dabei aber ihre eigenen kritischen Gedanken nicht aufgeben. Zu außerordentlichem Dank bin ich Edith Plath verpflichtet, die mir nicht nur Hinweise auf mir bisher unbekannte Cartoonistinnen und Cartoonisten der Gegenwart gegeben hat, sondern mir auch die Möglichkeit gab, mich ihres Archivs zu bedienen. Weiterhin gilt mein Dank Markus von Gosen, der mir die Feldpostkarte (Seite 106) zur Publikation zur Verfügung gestellt hat.

LITERATURVERZEICHNIS

Hamm, J.: Cartooning. The Head and Figure, New York 1967
Harris, R.: Cartoon-Zeichnen leicht gemacht, Köln 1989
Hasenpusch, W.: Humorzeichnen, Wiesbaden 1989
Meilhamer, Tonie: Fast alles über Cartoons, Ravensburg 1989
Melot, M.: Das Komische in der Kunst, Stuttgart 1975
Reitberger, R. C., Fuchs, J. W.: Comics, Anatomie eines Massenmediums, München 1971

Portraitkarikatur:

Gulbransson, O.: Berühmte Zeitgenossen, München 1908
Pericoli, T.: Woody, Freud und andere, München 988
Staake, Bob: The Complete Book of Caricature, Cincinnati 1991
Szewczuk, M.: Stars und Sterne, Hamburg 1955
Updike, J.: Levines lustiges Literarium, Hamburg 1970

Politische Karikatur:

Behrendt, F.: De volgende a. u. b., Amsterdam 1971. Deutsche Ausgabe: Der Nächste bitte
Gary Larsons Zeichenschule, München 1991
Gerberg, Mort: Cartooning. The Art and the Business, New York 1989
Haitzinger, H.: Politische Karikaturen, München 1987
Low, D.: Years of Wrath. A Cartoon History, London 1949
Scherling, Theo: Karikaturen zeichnen, München 1990

Bildnachweis:

Seite 94, Foto: Aufnahme Alfred und Lisa Jäschke, Görlitz

Neben den kleinen Studiobüchern erscheint
als Parallelreihe zur weiteren zeichnerischen Vervollkommnung die Reihe

GROSSE MUSTER-SCHMIDT-STUDIOBÜCHER

Format 19 x 25 cm, reich, z. T. farbig illustriert.

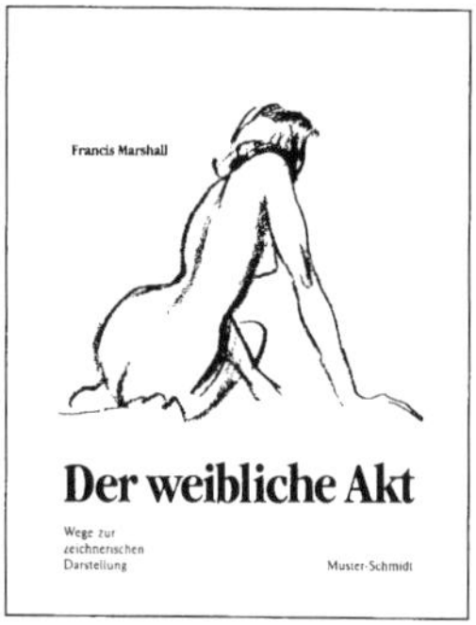

Band 1 · *Francis Marshall*

Der weibliche Akt

96 Seiten, 143 Skizzen
gebunden
ISBN 3-7881-5001-7

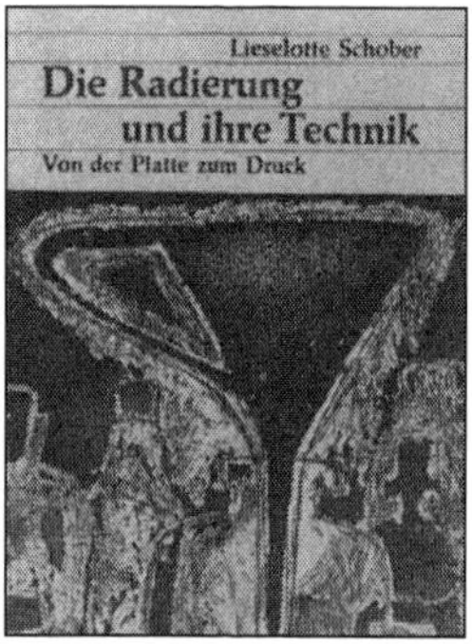

Band 6 · *Lieselotte Schober*

Die Radierung und ihre Technik

Von der Platte zum Druck,
3. neu bearbeitete und erweiterte Auflage,
1986, 112 Seiten, 16 farbige, 91 einfarbige
Abbildungen, gebunden,
ISBN 3-7881-5109-9

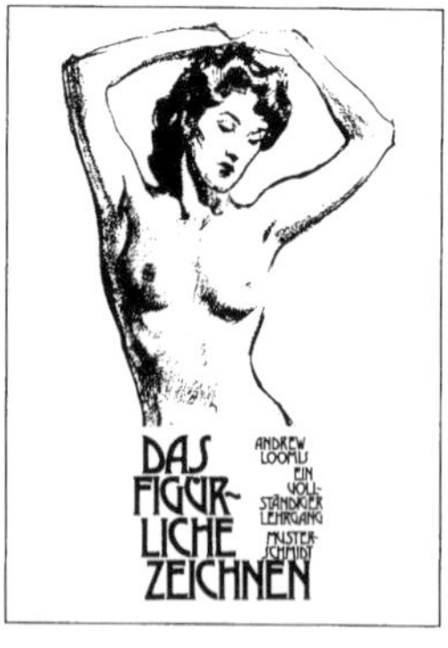

Band 7 · *Andrew Loomis*

Das figürliche Zeichnen

Ein vollständiger Lehrgang, 3. Auflage,
DIN A 4, 204 Seiten,
304 Skizzen und Zeichnungen, Leinen
ISBN 3-7881-5103-X

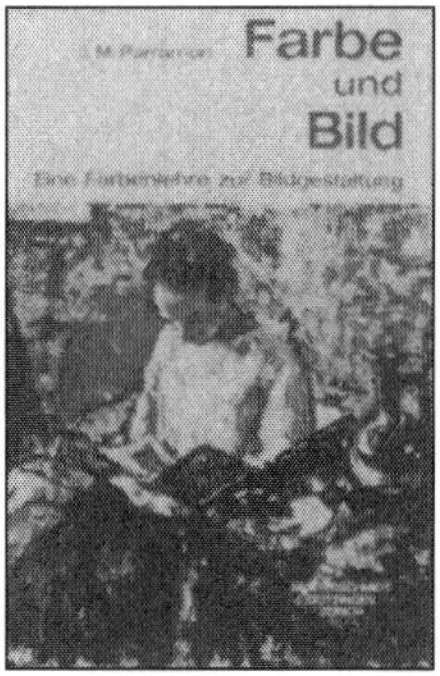

Band 8 · *J. M. Parramon*

Farbe und Bild

eine Farbenlehre zur Bildgestaltung,
119 Seiten, 80 Abbildungen, meist farbig
kartoniert
ISBN 3-7881-5108-0

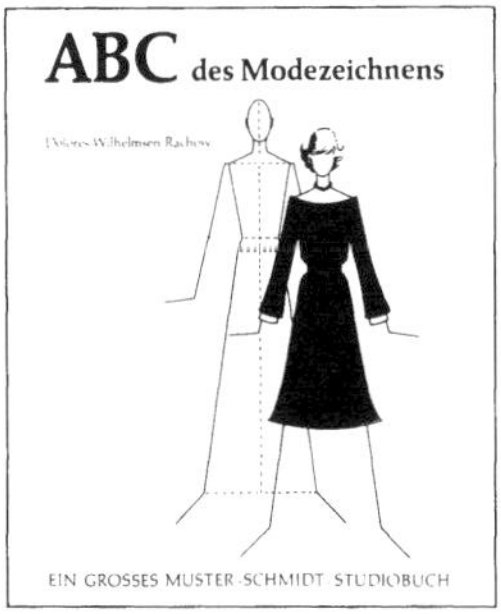

Band 9 · *Dolores Wilhelmsen Rachow*

ABC des Modezeichnens

111 Seiten, 94 Skizzen und Zeichnungen,
ISBN 3–7881–5009-2

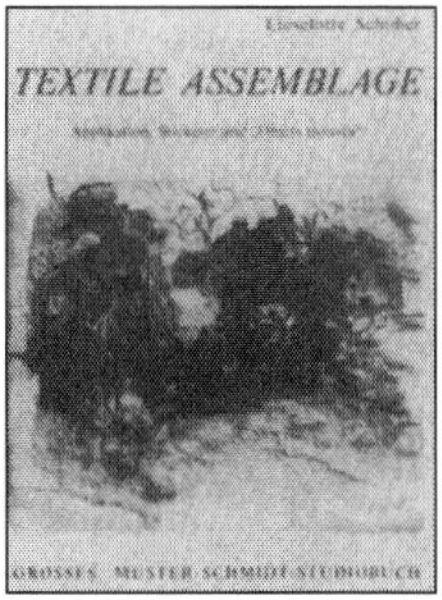

Band 10 · *Lieselotte Schober*

Textile Assemblage

Applikationen, Stickerei und „Objets trouvés"
72 Seiten, acht farbige
und zahlreiche einfarbige Abbildungen
ISBN 3-7881-5110-2

Die Reihe wird fortgesetzt.

MUSTER-SCHMIDT VERLAG · GÖTTINGEN · ZÜRICH

MUSTER-SCHMIDT-
STUDIO- UND ZEICHENBÜCHER

Bd. 1:
Wie zeichne ich Porträts

Bd. 2:
Wie zeichne ich Kinder

Bd. 3:
Wie zeichne ich Hände

Bd. 4:
Bewegungsstudien

Bd. 5:
Zeichnen im Zoo

Bd. 6:
Ballettstudien

Bd. 7:
Perspektive und ihre Konstruktion

Bd. 8:
Skizzieren im Zirkus

Bd. 9:
Wie zeichne ich Blumen

Bd. 10:
Wie zeichne ich Mode

Bd. 11:
Wir zeichnen in Italien

Bd. 12:
Schwarz-Weiß-Zeichnungen für Werbung und Technik

Bd. 13:
Wie zeichne ich Interieurs

Bd. 14:
Wie zeichne ich Schiffe

Bd. 15:
Wie zeichne ich Vögel

Bd. 16:
Wie zeichne ich Autos

Bd. 17:
Wie zeichne ich Akt

Bd. 18:
Wie zeichne ich Trachten

Bd. 19:
Wie zeichne ich Hunde

Bd. 20:
Wie zeichne ich Bäume

Bd. 21:
Wie zeichne ich geometrische Muster

Bd. 22:
Wie zeichne ich freie Muster

Bd. 23:
Wie zeichne ich Häuser

Bd. 24:
Wie schreibe ich Schrift

Bd. 25:
Wie zeichne ich Schrift

Bd. 26:
Vom Strich zur Modezeichnung

Bd. 27:
Vom Entwurf zur fertigen Drucksache

Bd. 28:
Freude am Drucken

Bd. 29:
Wie zeichne ich Pferde

Weitere Titel sind in Vorbereitung.

MUSTER-SCHMIDT VERLAG · GÖTTINGEN · ZÜRICH